本报告由"国民美酒"金六福特别

2024 中国城市
高质量发展报告

牛永革　薛骄龙　牛羿轩 ◎ 著

四川大学出版社
SICHUAN UNIVERSITY PRESS

图书在版编目（CIP）数据

2024 中国城市高质量发展报告 / 牛永革，薛骄龙，牛羿轩著． -- 成都：四川大学出版社，2024. 10.
ISBN 978-7-5690-7302-7

Ⅰ．F299.21

中国国家版本馆 CIP 数据核字第 20249UG060 号

书　　名：2024 中国城市高质量发展报告
2024 Zhongguo Chengshi Gaozhiliang Fazhan Baogao
著　　者：牛永革　薛骄龙　牛羿轩

选题策划：杨　果
责任编辑：杨　果
责任校对：孙滨蓉
装帧设计：裴菊红
责任印制：李金兰

出版发行：四川大学出版社有限责任公司
　　　　　地址：成都市一环路南一段 24 号（610065）
　　　　　电话：（028）85408311（发行部）、85400276（总编室）
　　　　　电子邮箱：scupress@vip.163.com
　　　　　网址：https://press.scu.edu.cn
印前制作：四川胜翔数码印务设计有限公司
印刷装订：成都金龙印务有限责任公司

成品尺寸：185mm×260mm
印　　张：12.25
插　　页：1
字　　数：302 千字

版　　次：2024 年 10 月 第 1 版
印　　次：2024 年 10 月 第 1 次印刷
定　　价：68.00 元

扫码获取数字资源

四川大学出版社
微信公众号

本社图书如有印装质量问题，请联系发行部调换

内容简介

    四川大学商学院中国城市营销研究中心长期以来致力于中国城市营销的理论研究和全球城市营销的案例研究工作，开发出市场导向中国城市高质量发展评估模型，并据此测算出中国城市在高质量发展上的绩效表现。本书收录了省会和副省级及以上 36 个城市的微博数据，测算出每一个城市 2024 年在各个指标上的绩效表现和排名，得出每一个城市整体的高质量发展状况。本书的出版旨在帮助中国城市更清晰地了解本城市的高质量发展建设状况，以便于持续提升中国城市的核心竞争优势和维持城市各类顾客的满意水平；同时，也为理论界开展城市高质量发展的研究提供参考，为城市制定市场导向观念的产品质量体系持续改进战略提供决策依据。

前　言

　　《2024 中国城市高质量发展报告》是在汇集省会和副省级及以上 36 个城市在微博签到者评论数据的基础上，通过严谨的高质量发展模型测量编撰而成。这是第一次从市场导向观念角度对我国省会和副省级及以上城市的高质量发展现状所做的总结，我们希望，在西方世界试图阻隔中国与世界的联系，中国经济发展由高速转向稳定，以及人民群众对美好生活的向往成为城市发展核心动力系统的背景下，本书的出版能够为中国城市的高质量建设和发展提供有意义的帮助。

　　中国用四十年时间完成了西方发达国家二三百年城市现代化的发展历程。毋庸置疑，从营销学角度看，城市产品的开发和升级推动了城市的演进历程。中国城市在远古村落期（大约公元前 13000 年至前 2113 年）、萌芽期（大约前 2113 年至公元 900 年）、成长期（大约公元 900 年至 18 世纪）三个时期与欧洲各国保持着同样的演进历程。也就是说，在第一次工业革命之前，中国和欧洲城市都出现了相同的城市产品。但是，在人类文明进入城市的成熟期（18 世纪初至 19 世纪末）时，欧洲经过第一次工业革命（18 世纪中叶，以蒸汽机的发明为标志）和第二次工业革命（19 世纪中叶，以电灯、电话发明为标志）发展之后，城市的基础设施、生产技术和社会结构发生了质的飞跃；然而，此时的中国却处于清王朝的专制统治时期，闭关锁国，城市产品开发处于停滞状态，城市的布局和格调笼罩在死气沉沉的氛围当中。换言之，欧洲的城市进入了城市的成熟期，而中国的城市仍处于漫长的成长期。虽然，中国错过了第三次工业革命（发生在 20 世纪六七十年代的信息化革命），但在 20 世纪 70 年代末，党中央拨乱反正，实施改革开放伟大决策，带领勤劳和智慧的中国人民在和西方世界的交流中充分展示出无穷的力量和强大的创造力，通过学习西方国家的先进技术和管理经验，积极应对中国城市发展中面临的挑战，高瞻远瞩，力挽狂澜，对城市的发展做出科学布局，牵引城市实现快速发展。尤其是 2001 年 12 月 11 日，中国成为世界贸易组织（WTO）的正式成员国，中国城市得到了前所未有的发展，并顺利地进入了城市演进的最高阶段——田园城市期。

　　党的十八大以来，在以习近平同志为核心的党中央的正确领导下，中国明确了城市高质量发展的指导思想，部署实施了一系列城市领域关键战略和重大工作，城市发展取得了举世瞩目的历史性成就[①]。具体体现如下：

　　（1）城市对国家贡献显著提高。截至 2022 年底，中国常住人口城镇化率为

---

　　① 倪虹：《开创城市高质量发展新局面》，《求是》，2023 年第 20 期，第 54～59 页。

1

65.22%，城市数量达到 691 个，城市建成区面积达到 6.4 万平方公里。"两横三纵"城镇化战略格局基本完成，19 个城市群承载了全国 70％以上的人口、贡献了 80％以上的国内生产总值。

（2）城镇居民住房条件显著改善。据第七次全国人口普查数据，城市和城镇家庭户人均住房建筑面积分别达到 36.52 平方米、42.29 平方米，比第六次全国人口普查时分别增加 7.4 平方米、10.3 平方米。累计新开工改造城镇老旧小区 21.7 万个、惠及 3700 多万户、近 1 亿居民。建成世界上最大住房保障体系，累计建设各类保障性住房和棚改安置住房 6300 多万套，1.5 亿多群众喜圆安居梦，低收入住房困难家庭基本实现应保尽保。

（3）城市居住环境更加优美和谐。2022 年，全国地级及以上城市空气质量优良天数比例达到 86.5％；县级城市黑臭水体消除比例超过 40％，地级及以上城市黑臭水体治理成效持续巩固，居民小区垃圾分类平均覆盖率达到 82.5％；城市建成区绿地面积和绿地率分别超过 250 万公顷和 39％，人均公园绿地面积达到 15.29 平方米。

（4）城市综合承载能力稳步提升。截至 2022 年底，全国城市道路长度超过 55.2 万公里，城市轨道交通建成和在建总长度达到 1.44 万公里，供水普及率、燃气普及率、污水处理率分别达到 99.39％、98.05％、98.11％，全国供水和排水管道总长度达到 202 万公里，累计开工建设综合管廊 6655 公里。

（5）城市治理体系不断完善。坚持为人民管好城市，加强城市的软环境建设，让人民群众在城市生活得更方便、更舒心、更幸福。深化城市管理体制改革，部、省、市、县四级城市管理组织架构基本形成，把互联网、大数据、云计算、人工智能等新一代信息技术充分运用到城市的运行服务平台中，不断提升城管执法的规范化和法治化水平。

（6）全面传承和保护城市的历史文化遗产。截至 2023 年 10 月，全国共有 142 座国家历史文化名城、312 个中国历史文化名镇，划定历史文化街区 1200 余片，确定历史建筑 6.35 万处。城市成为传承中华优秀传统文化最重要的载体。

总结成绩，立足当下，展望未来，中国城市在融入国际化和全球化的大背景下为了实现高质量发展，必将持续解决好三个核心命题：

第一个核心命题：城市为谁服务。基于市场导向视角来看，城市的服务对象是顾客。城市的个人顾客包含城市居民、潜在人才、城郊农民、城市内部访客和城市外部访客，城市的组织顾客包含本地企业和潜在投资者。上述七类顾客中，同一类顾客存在核心需求的相同性和外围需求的异质性，不同类顾客存在核心需求的差异性和外围需求的互通性。城市高质量发展就意味着要从顾客导向的观念出发，全面和系统地刻画每一类顾客的特性和他们的需求清单，甚至还要刻画每一类顾客中各个细分顾客的需求清单。顾客的特性和顾客的需求通常会随着外部环境和自身条件的变化而变化，这就意味着城市高质量发展的思想和方针也要相应地做出适时的调整。

第二个核心命题：用什么向顾客服务。简而言之，城市产品。城市产品是指有形和无形的产品属性的混合物，以满足城市居民、潜在人才、城郊农民、城市内部访客、城市外部访客、本地企业和潜在投资者七类顾客各自对应的城市舒适性公共生活环境、社会认同、职业发展、旅游设施、营商环境、投资回报的愿望和需要。从城市产品开发的视角识别和界定城市的演进历程，可以明白城市演化的真实驱动力（牛永革，2022）。也就是说，顾客的需求发生变化，城市产品也应随之发生变化。用城市产品满足各类顾客的需求是城市持续发展的坚实动力。

第三个核心命题：服务怎么样。这就意味着我们需要从顾客的视角评判城市产品，获得城市产品的感知质量，这样，我们就清楚哪些产品的绩效表现比较好，哪些产品的绩效表现比较差。此时，横向对同一个城市产品质量的比较，可以获得这一城市产品的竞争力。对一个城市而言，综合所有城市产品质量的评价就可以完整刻画这一城市的高质量发展状况。

城市只有在不断解答好上述三个核心命题的基础上才能提高持续性和韧性。厘清中国城市高质量发展体系以及它的具体绩效表现对不同的利益关联者都存在显著的现实意义。

对城市管理者而言，城市高质量发展有如下意义：①切实落实执政为民的城市治理理念；②建立客户满意的城市营销理念；③可根据研究结果制定居民导向和竞争导向的城市未来发展战略；④可识别高质量发展的城市，明确学习标杆，制定有针对性的追赶战略；⑤动态掌控城市质量变化状态，建立年度改进方案；⑥改进城市产品质量体系，提升城市竞争力，改善城市形象。

对城市居民而言，城市高质量发展有如下意义：①反映自己在城市生活和工作过程中面临的问题；②建立城市认同感、归属感和依恋感；③提升城市居民的主观幸福感；④提高城市居民的主人翁意识；⑤提高城市居民的生活质量。

对潜在人才而言，城市高质量发展有如下意义：①选择理想的城市，开启职业生涯；②规划自己的职业发展历程；③为选择自己和家人合适的居住城市提供决策依据。

对城郊农民而言，城市高质量发展有如下意义：①在城市扩展过程中明确自己的需要；②提供转换社会身份的路径；③在外部环境的变化中保持积极的心态和前瞻性的理念。

对城市内部访客而言，城市高质量发展有如下意义：①建立和优化环城游憩带，满足更多的市民在非工作时间的休闲和娱乐需要；②从游憩角度改善城市居民的生活质量。

对城市外部访客而言，城市高质量发展有如下意义：①为选择旅游目的地提供决策依据；②增强旅游目的地的体验；③记录和分享不同旅游节点的感受；④提升度假和游玩的满足感。

对本地企业而言，城市高质量发展有如下意义：①为改善营商环境建言献策；②为改善政商关系建言献策。

对潜在投资者而言，城市高质量发展有如下意义：①选择高质量生活环境城市，建立企业的生存基础；②可在目标城市招募到优秀人才；③从消费端为企业建立市场。

中国城市高质量发展研究项目是四川大学商学院中国城市营销研究中心在落实高质量发展国家战略的指导下，致力于解决中国城市在发展过程中所出现的各类难题而开展的。本项目汇集了人们在城市管理中的经验和智慧，结合中国城市实践，以打造适合中国城市高质量发展的理论体系，夯实中国城市高质量的道路自信。这对城市人口已经占到总人口六成以上的中国来讲意义非常重大。本项目所形成的成果可以洞察中国城市发展进程中的成绩和问题，城市管理者可以保持做得好的城市产品，改进做得不好的城市产品，在保持和改进并举的行动中优化城市的质量体系。

在本项目的研究中，四川金六福酒业有限公司董事长贺恒辉先生对中国城市高质量发展的现状和未来非常关注，并对本项目给予了大力支持，促进本项目顺利完成。在此，本研究团队成员对四川金六福酒业有限公司的鼎力支持表示最诚挚的敬意。

目　　录

第1篇　中国城市高质量发展评估的现实意义和理论基础

1.1　城市高质量发展的意义

改革开放四十多年以来，中国在经济、技术等领域取得了举世瞩目的成绩，创造了世界经济史上高速发展的奇迹。然而，由于过去片面追求经济发展规模、效率和速度，形成的粗放式发展格局，产生了一些深层次体制性的矛盾。为了解决这些矛盾，党的十九大报告首次提出高质量发展理念，意味着从 2017 年开始，中国经济进入从 20 世纪 70 年代末期注重速度转向到注重质量的发展阶段。党的十九届五中全会明确强调新时期经济社会发展要"以推动高质量发展为主题"。党的二十大报告强调把高质量发展作为新时代全面建设社会主义现代化国家的首要任务。与片面追求国内生产总值（GDP）的高速增长不同，高质量发展是"创新、协调、绿色、开放、共享"新发展理念的协调发展。高质量发展是新时代解决经济可持续发展，实现人民群众对美好生活的向往，消除发展中的矛盾的客观要求和必然举措。全国上下唯有提升高质量发展意识，达成高质量发展共识，落实高质量发展国家战略，将其作为"两个一百年"奋斗目标的行动纲领，才能肩负把中国建成社会主义现代化国家的历史使命。

中国城市高质量发展已经成为未来城市治理的主旋律。相比农村而言，城市人口数量庞大，高密度集中居住，城市各类主体在既定的地理空间里开展频繁的经济活动和社会活动，不可避免地会产生一些环境问题和社会问题。这些问题包括：不可持续地使用能源，温室气体排放，不可遏制的空气污染、水污染，土地浪费，不恰当的城市设计，社区管理没有温暖感，无效的流动性，交通堵塞，公共安全降低，身体健康受到威胁等。当前，城市的上述问题是由不可持续的世界观主导下而形成的，这种世界观以人类为中心过度追求经济利益，把自然作为一种资源，作为一种可开发的对象。这种基于二元论、还原论、机械论的世界观，没有认识到人类显然只是一个相互联系和相互依赖的系统中的一部分（Ehrenfeld，2005），因此，城市的可持续发展，意味着应该在环境和社会问题之间做出必要的权衡，采取更加整体性和转型性的方法，从根本上改变人与自然的关系（Hopwood et al.，2005）。目前，日益密集、复杂和相互依赖的城市系统使得城市变得异常脆弱。中国的经济发展和城市发展是携手前行的，国家整体的经济发展从注重速度转向注重质量，同理，城市治理也应如此。因此，我们引入高质量发展理念，目的就是逐步解决中国城市在高速发展过程中出现的各类问题。

党的二十大报告明确指出，坚持人民城市人民建，人民城市为人民，提高城市规划、建设、治理水平。这里的"人民"和城市营销理论联系起来就是指城市的顾客。站在个人的角度看，城市的顾客包含城市当前的居民和未来的居民（潜在人才和城郊农民）、城市的内部访客和外部访客。站在组织的角度看，城市的顾客包含本地企业和潜在的投资者。每一类顾客有自己特定的需要，比如，对城市当前居民而言，他们需要舒适的公共生活环境；对本地企业而言，它们需要优质的营商环境和良好的政商关系。这就意味着，城市应向上述各类顾客提供高质量的城市产品以期赢得他们的满意。

在高度全球化的时代，城市在吸引优质资源、潜在投资和高素质人才方面展开激烈的竞争。一个企业只有聚集特定的完整的生产要素才能顺利开展经营活动。企业通过内部的能力建设、自我发现和技术升级方式，借助产业内部的知识外溢、集聚效益和示范效应途径，培育企业核心竞争能力。核心竞争能力具有四个特征：能很好地实现顾客价值；是稀缺的；竞争对手无法通过其他能力来替代；企业特有的能力，竞争对手难以模仿。企业只有通过整合和培育生产要素，发现和构建核心竞争能力，才能在激烈的竞争中具有持续的生存能力，可在产业链条中占据较高的位势。如果一个城市能把产业位势高的企业吸引到本地，或者在本地培育如此卓越企业，这样的企业在一个产业里的数量越多，那么这个产业在全国乃至全球的产业链条就具有强的位势。如果一个城市拥有多个位势高的产业，那么这个城市就具有较强的经济优势。竞争者导向观念就是，城市采取企业家城市治理理念，在追求经济发展和就业增长方面表现出风险承担、广泛推动和有进取心的商业特征，努力创建城市在经济领域的竞争优势（Hall and Hubbard，1998）。

因此，城市引入高质量发展理念，就意味着城市应该具有顾客导向和竞争者导向的两种观念，即市场导向观念。

城市落实市场导向的高质量发展战略意义重大。具体体现如下：

（1）它可以促使城市管理者建立顾客导向的观念，明确城市存在的意义，搞清楚城市应该向谁服务，开发出各类顾客期望的产品体系，提升顾客满意度。它能促进城市管理者建立城市的服务意识。城市管理者通过界定和识别城市的各类顾客、同类型顾客之间的共同特性，以及不同类型顾客之间的差异性，开发完整卓越的城市产品体系，提升城市顾客的广泛满意度。满意的顾客更能尊重城市的社会规范，以认真负责的态度履行自己的义务，使得城市系统中的各个主体高效地完成对应的职责，同时，保持城市整个系统的良性高效运转，由此，创建城市发展的持续性（sustainability）和韧性（resilience）。城市可持续性是在不损害周边地区发展可能性的前提下，在组成城市的子系统之间协同整合和共同进化的积极过程，并通过这种方式为减少发展对生物圈的有害影响作出贡献。城市韧性是在外部影响因素作用下，通过协同监测、促进、维持和恢复生态系统服务与人类福祉之间虚拟循环的被动过程（Zhang and Li，2018）。

（2）为了创建更高的顾客满意度，势必要求城市管理者建立竞争者导向的观念。这就意味着城市管理者能清晰地识别出本地的禀赋资源及其优势和劣势，以及周边地区的优势和劣势，通过城市群的链接，形成优势叠加，并借助周边地区的优势融合弥补城市的短板。另外，竞争者导向意味着城市应具备全球和国际化视野，在全球范围内创建城市的比较优势，并引入全球优质资源，通过资源融合和自我提升，进一步强化和推进城市的比较优势。

（3）落实市场导向的城市高质量发展理念可促使城市的各类产品协调发展。城市管理者需根据各类顾客的需求，设计和开发出对应的城市产品。例如，对城市内部访客而言，环城游憩带是其在闲暇时间游玩的主要场所。随着城市面积的不断扩展，在城市周边地带建立游憩区域成为田园城市发展的重要组成部分，由此环城游憩带可形成半日游、一日游和两日游三个层级。在不同的层级建立不同的旅游基础设施，建立供游客住宿和餐饮的服务体系。同时，还要规划和建设城区通往景点的主干道，形成可通达的交通网络。另外，还要对三个层级的主要景点进行区隔化定位，确保各个景点在不同层级上的分布具有差异性和互补性，并符合城市内部访客旅行时间长度的要求。

（4）落实市场导向的城市高质量发展理念可解决城市发展动力不足的问题。顾客导向最终的目的是赢得顾客满意，而这种满意是一个顾客在某个时间点上使用城市产品后所形成的心理感受。当感知到的产品绩效超过心理预期，顾客就满意；反之，顾客就不满意。在产品不变的情况下，同一个顾客的身体、精神和心理状态在不同的时间点会发生变化，故而在不同的时间点对同一个产品的心理感受是不一样的。因此，要获得同一个顾客的持续满意，就需要随时根据顾客的要求动态调整产品体系和服务流程。面对数量庞大、形态各异的顾客，要获得绝大多数顾客的满意，就必须建立起顾客满意的管理理念和价值传递体系，这是一项需要持续循环改进的管理体系。通过这个管理系统，城市以顾客满意为核心，最终促使它的居民获得更高的城市依恋、主观幸福感、生活质量和主人翁意识。相比城市功能治理体系而言，职能部门根据自己的意志设定管理目标，而这些目标大多数情况下并没有反映顾客的需求。因此，把城市管理从功能治理导向调整到顾客导向就可成功地解决城市发展动力不足的问题。

（5）市场导向的高质量发展战略可推进城市建立生态和谐的运行机理。城市生态系统是一个复杂系统，不仅包括自然环境（如地球的生物圈、空气和水），还包括社会制度、文化、行为和人文环境。狭义上的城市生态系统，通常指城市内部及周边能够为人类提供服务的绿色基础设施，主要包括森林、绿地、河流和湖泊、公园和花园、屋顶和墙面绿化等。城市生态系统不仅为人类直接提供木材、花卉、苗木、食物等生产生活物品，还可以满足居民对城市环境的需求，提供非实物型的生态系统服务，如降低城市热岛效应、降低二氧化碳浓度、适应气候变化、净化空气、减少噪声、净化水源、减少地表径流、补充地下水、防止城市水灾、维持生物多样性等。同时，还可以为居民提供一系列休闲、娱乐文化服务，如体验自然、娱乐活动、放松身心、户外舞蹈和体育，以及美学体验，特别是有助于城市居民心理和身体的恢复（曹先磊等，2017）。广义上的城市生态系统，基于一个城市未来的远景，就是在人类活动与自然环境之间保持一个动态的平衡。比如，地表上建筑的高度和面积要符合地壳的承受能力；城市建筑群的排列和布局要与一年四季空气的流动方向相一致，以保持城市上空空气的新鲜度；城市社区建设容纳人口的数量要考虑到地下水的容量以及城市河流和水库的容量。城市生态系统和谐直接关联到人与自然的相互联系，具有整体性、系统性和连接性的特点（Jordan and

Kristjánsson，2017）。生态和谐的运行机制强调人类和社会的繁荣必须发生在自然之中。可持续发展是一个变革的过程，其中，资源的开发、投资的项目、技术开发的方向和制度改革都是和谐的，并能提升这些生产要素现在和未来的潜能，以满足人类的需要和期望（WCED，1987）。可持续发展是在不损害后代满足其自身需要的前提下满足当代人的需要和愿望所产生的发展（WCED，1987）。城市生态和谐（urban ecological harmony）是城市发展的指导原则，要求城市建设应以可持续发展为重点。同时，作为一种思维范式，城市生态和谐是城市规划和设计（如建筑、土木与环境工程）以及城市治理（城市发展战略、居民教育）专业实践的关键组成部分。在此基础上，城市生态和谐旨在发展多维度可持续的人居环境，以及人与城市生态系统的和谐关系（Bibri and Krogstie，2017；牛永革，2022）。

（6）市场导向的城市高质量发展理念可推进城市建立全球链接的运行机理。城市之所以要突出其外部联系与流动，是因为城市作为全球经济活动中一个节点，其在全球经济中的战略重要性是由它的连通性来体现的。从这一角度讲，一个城市只有在世界范围的流动中才能找到自己的位置。在世界城市网络体系中，城市联系性的强弱程度决定了其地位与职能。城市对外的连通性以城市主动开放的程度为基础。城市开放程度与现代产业技术进步之间存在正相关作用。Helliwell（1992）的研究发现，经济开放不仅可增加更多的进出口贸易数量，而且还可获得学习外界技术的机会。技术进步的门限效应只存在于低收入地区，并且越开放的地区就越有机会和能力去吸收外部世界的新知识，而后发地区必须达到一定的开放程度才能对全要素生产率有促进作用。城市之间的联通更多地表现为不同公司之间、同一公司内部、不同分支机构之间以及各种机构之间的联系。全球城市的联通分为两类：物理联通（如金融资本、原材料、人力资源、交通基础设施）和信息/知识/智能联通（如会计服务、咨询、法律服务）。对于物理联通而言，电信基础网络所形成的城市之间的数据传输能力、电信在城市中的渗透力、航空乘客流量、海上交通流量，可较好地反映城市的联通性。对非物理联通而言，一个城市拥有的跨国公司数量，决定了城市跨国网络形成的主要动因，这些网络的地理特征可以用来揭示全球城市网络的空间层次（Taylor et al.，2014）。城市是全球互联互通的节点，城市的繁荣与否取决于城市间的联通性（Beaverstock，2002）。一个城市联系其他城市的数量越多，联系的质量越高，就可以凭借其在全球流动空间中的地位，获得其作为全球经济控制和指挥中心的特权（Castells，1996）。在更广泛的全球城市网络中定位一个城市，把内部资产管理变换到在和外部城市的联系中资产的自由流动管理，是一个城市实现经济繁荣的关键途径。

1.2 市场导向的城市高质量发展

质量是一个广泛渗透到政治、经济、社会、技术领域的专业词汇，也是一个老百姓经常挂在嘴边的通俗词汇，如产品质量、服务质量、生活质量等。在系统工程中，质量（quality）用于评估客观事物运行的功能性特征，如可达性（accessibility）、精确性

（accuracy）、兼容性（compatibility）、稳定性（stability）、可检测性（testability）、可升级性（upgradability）等。因此，从系统工程角度看，质量在商业、工程和制造业中有一个实用的解释，即某个客观对象的卓越性或者非低劣性。从个人心理感受角度看，质量是一个人借助产品实现其目标的程度，对于同样一个物体，不同的人有不同的使用目的，因此不同的人可能会有不同的理解。基于此，质量是一种感性的、有条件的、带有特定主观判断的属性。对大众而言，我们经常购买日常便利品，如牙膏、饮料；也会时不时购买选购品，如服装、电脑；同时，也会乘坐动车和飞机，享用美食和美酒。诸如此类的产品或服务，我们通常通过市场交易的方式拥有或者享有。所以，在长期的消费体验过程中，我们就形成了产品或服务质量的意识。如此，市场营销学者从适合个人目的的程度定义产品质量：对产品或服务满足顾客期望程度的感知。从客户导向而不是从系统工程角度定义产品质量，能较好地识别顾客期望，把有限的资源集中于开发顾客最看重的质量属性，删除那些让顾客反感的属性，由此提升更高的顾客满意度。

城市日益成为社会、经济和生态因素的复杂系统。从系统学角度定义城市，它是一个以人为主，以空间利用为特点，以聚集经济为目的的集约人口、集约经济、集约文化、集约信息的地域系统，是一个与周边地区进行人、物、信息交流的动态开放系统。在这个系统中，城市的行政机构（简称管理者）是运行的主体，也是城市运行的权力主宰者。城市居民是运行的主人，但同时又是城市管理者服务的客体。换言之，城市居民在这个系统中扮演了主人和顾客的双重身份。除城市居民外，城市管理者服务的客体还有潜在人才、城郊农民、城市内部访客、城市外部访客、本地企业和潜在投资者。党的二十大报告强调高质量发展是"创新、协调、绿色、开放、共享"新发展理念的协调和全面发展，将其移植到城市运行系统的治理，可以形成城市治理的高质量发展体系。新发展理念高屋建瓴，具有宏大叙事（grand narrative）的特点，提供了一个尚未实现的主导思想，建立起人们对未来城市理念的认同感，刻画出未来城市的壮丽蓝图。然而，城市作为一个系统，个人顾客和组织顾客是这个系统中不可忽视的力量，它们的需求可促进城市的高质量发展。因此，基于细微具体小叙事（petits recits）的角度来解读城市的终极目的，会让我们对城市存在的现实意义有更清晰的认识。城市的终极目的是为城市顾客创造价值，提升顾客满意度，这也是城市治理的最终目的。另外，城市是一个动态开放的系统，通过人、物、信息在全球范围内的自由流动，就能吸收全球范围内的先进技术、新观念、新知识，进而提升全要素的生产率。通过横向对比，一个城市就会发现其他城市在哪些地方做得好（如社会管理、经济管理、社区管理等），以及为什么做得好，怎样才能让自己做得更好。通过如此比较和梳理，城市就可找到向标杆学习的途径和方法，挖掘禀赋资源，培育核心能力，以期提升本城市的竞争优势。因此，基于市场视角定义城市高质量发展概念，更能让人领悟城市的魅力和价值。

市场导向的城市高质量发展，就是在市场导向观念指导下，城市通过识别和确认城市顾客的需求，设计城市顾客预期的产品体系，同时，利用本地的禀赋资源，吸收其他地区的优势资源，不断完善和升级城市产品，彰显城市产品的绩效，为城市顾客创造价值，提升城市顾客满意度，并在此基础上，为城市顾客创造更好的精神体验和心理感受。

1.3 城市顾客及其需求

城市为谁服务？城市用什么样的方式向这些顾客服务？是一个城市寻求持续发展必须回答的首要问题，也是一座城市的价值所在。要回答好这两个问题，城市管理者要具备顾客导向的观念。顾客导向，即一套将客户利益放在首位的信念，同时不排除所有其他利益相关者的利益，由此建立组织发展的持续性。如此，我们就需要了解城市的顾客。基于牛永革（2022）的研究，任何城市都要服务于两类顾客：第一类是个人顾客，第二类是组织顾客。关于个人顾客，从时间演进角度看，当前顾客是城市居民，未来顾客包含潜在人才和城郊农民；从访客角度看，包含城市内部访客和城市外部访客。关于组织顾客，包含本地企业和潜在投资者。

1.3.1 城市居民

城市居民是城市服务的首要核心顾客。城市居民是指在一个城市持续居住一年以上的人，其是城市产品的主要消费群体。以客户为中心的观点认为，居民渴望拥有一个满足自己及其家庭成员需求的舒适的公共生活环境（suitable public living environment）（Braun，2008）。城市管理者应该把城市居民的利益放在第一位，了解他们当前和潜在的需求，然后创造和传递恰当的公共产品，以期满足他们的需求。城市产品是指有形和无形的产品属性的混合物，用以满足城市居民对舒适性公共生活环境的愿望和需要。它包含三个领域 15 个维度的福利元素：①城市公共生活环境的物理特征对应的 2 个福利要素：宏观环境、城市设计和标志性建筑。②人的空间行为关联的设施和服务对应的 8 个福利要素：社区基础设施、社区管理与服务、交通系统、休闲和娱乐、购物、餐饮、公共事件、个人职业发展。③对人的空间行为存在显著影响的利益相关者对应的 5 个福利要素：市政管理和服务、空气质量、政府官员勤政、社会秩序与安全、周围居民素养。

1.3.2 潜在人才

潜在人才是城市服务的第二类个人顾客，是未来城市建设的中坚力量。城市需要通过创造各类就业机会，吸引恰当的人才到本地工作。Krugman（1995）认为，为了降低生产和运输成本，减少原材料和其他投入品的运输损耗，产业链上下游企业就会聚集在一起协同产生内在动力。随着集群内同一产业或相关产业的企业集聚在一起，企业的数量随之增加，先前的大企业因为上游企业的靠近进而获得更高的购买经济性，从而降低单位成本，为并购周边同类企业或者实现自我扩张生产规模带来了可能性。如此，就会产生对人才的吸引力。城市中的各类产业集群就像一个磁场，会把各类人才和关键要素资源吸引进来。人才集聚产生的知识溢出效应不仅是影响产业集群持续创新的关键因素，也是产业集群不断发展壮大与升级的主要源动力。所以，产业集群与人才存在耦合效应，集群吸引了人才，人才成就了集群。

另外，从人口跨区域迁徙角度看，一个城市在任何时间点都存在人口的流入和流出情况。拉力促进人口流入，推力促使人口流出。拉力是指某一城市吸引其他地方的人到本地工作和生活的影响因素，包括更好的城市生活环境、更高的生活质量、更高的薪酬、更广阔的成长空间和外溢效应等。推力是指某一城市内存在的迫使当地人口迁移出去的影响因素，包括城市环境的恶化、竞争压力的增大、生产成本的增加、人才及产品市场拥挤效应等。人才的集聚就是吸引人才向迁入地流动的拉力因素与推动人才向原住地外部流出的推力因素相互博弈、共同作用的结果。吸引恰当的各类人才并保持各类人才的数量，是一个城市核心竞争力的最直观体现。

何为人才呢？《国家中长期人才发展规划纲要（2010—2020）年》（以下简称《纲要》）对人才做出了如下界定："具有一定的专业知识或专门技能，进行创造性劳动并对社会作出贡献的人，是人力资源中能力和素质较高的劳动者。"从官方说法来看，在学历上具备中专以上学历、在专业技术职称方面具有初级以上职称或者是在相关专业技术岗位上工作的人称作人才，这一划分对于人才的界定更具有可操作性。

牛永革（2022）研究发现，潜在人才在选择工作地和就业单位时，对目标城市赋予的权重显著高于就业单位，前者是后者的1.54倍。这种相对重要性不会受到性别、受教育程度、专业技术职称的影响。随着求职者年龄的增长，这种相对重要性会随之增长。对于城市产品而言，潜在人才对不同城市产品赋予的权重也是不一样的。按照重要性的大小，23种城市产品依次排序为城市社会治安、城市提供的工作机会、城市内部交通系统发达、城市与城市之间的交通系统方便、城市整体规划具有长远眼光、一年四季城市空气质量良好、拥有具有竞争力的经济体系、工作地和居住地相距不是太远、城市里的高等院校提供进修机会、城市居民素养、居住地的社区管理和服务、城市具有辐射国内外的主要的航空线路、城市市政管理和服务、社区基础设施、包容的城市文化、城市的产业结构布局合理、拥有优越的地理位置、城市的街区规划科学、拥有各种类型的餐馆、休闲娱乐的项目、拥有各类不同特色的购物中心、拥有特有的人文景观、拥有代表城市形象的标志性建筑。

如潜在人才在城市近郊新城就业，12种城市产品按重要性排序依次为工作机会、城市未来发展前景、子女教育、良好的工作环境、人才引进政策、社会福利待遇、城市生活环境、购买住房、来往与主城区的通勤车、配偶工作安置、提供员工宿舍、户籍制度。

1.3.3　城郊农民

城郊农民是城市服务的第三类个人顾客，指在城市水平拓展过程中居住在城市周边的户籍身份是农民的群体。城市管理者一般从垂直和水平两个方向拓展城市规模。垂直方向上的拓展，意味着大楼越建越高，城市单位水平面积上容纳的人口则越多；水平方向上的拓展，意味着城市就像摊大饼似的越扩越大，越来越多的乡村土地成为城市功能区的组成部分，原来居住于此的农民将被迫成为市民。这些农民世代在土地上耕种作物，或者发展水产养殖、动物养殖；少部分农民尤其是年轻的农民，在土地生存的基础上发展副业，如房屋装修、汽车运输等。他们的共同特点是文化程度低，缺乏专业技能，祖祖辈辈居住于此，已经形成了牢固的乡土情结和以土地为基础的价值观与生活方式。土地被征用后，他们赖以生存的主业没有了，仅依靠副业可能难以维持一家人的生活。

城市化是我国发展过程中必须经历的阶段，也是一个国家现代化的重要标志，而这个过程中城郊农民利益的保障、身份的认同以及由此激发的认同结果是城市良性发展需要持续关注的重要问题。牛永革（2022）的研究认为，城市的拓展不能忽视城郊农民的利益。政府应该对城郊农民加强搬迁前思想工作，做好征地补偿、就业创业支持、知识和技能培训、农民身份转换和市民身份认同的心理疏导，正确引导城郊农民的需要，完善各类城市产品体系，建立群体理念和文化价值观，制定促进城郊农民市民身份认同的各类可行有效的政策，协助城郊农民尽快融入城市生活，尽快成为城市的建设者。城市产品可以促进城郊农民实现市民身份的转化。社区基础设施、社区管理与服务、市政管理和服务、个人职业发展四种城市产品可满足城郊农民生存、安全、关爱下一代、提升孩子受教育水平、赡养老人、为社会做有意义的事情等需要。个人职业发展城市产品稳定了城郊农民的职业，使他们可获得不受天气变化影响的经济报酬，开阔了视野，获得更多的信息、知识和技能，进而提升了他们的自尊心。在此基础上，政府官员勤政和个人职业发展两种城市产品满足了城郊农民想成为某种类型的人的渴望。不同类型的城市产品协同在一起满足了城郊农民不同层次的需要，使得城郊农民认识到城市产品的重要性。

1.3.4 城市内部访客

城市内部访客是城市服务的第四类个人顾客，指在非工作时间到城市周边游憩带各个景点游玩的城市居民。随着城市在水平维度上的扩展，其各项功能，如教育、商业、生产制造等活动由里及外蔓延，各类砖瓦钢筋结构林立，城区土地价格因商业活动的开展而高涨。如此，城市的平面扩展导致了从中心城市到郊区的土地租赁费形成明显的等级结构：离市中心越远，土地租赁费越便宜，建立和运行娱乐设施的成本就越低。因此，与市中心和长距离休闲活动相比，前往郊区和邻近腹地的短途休闲活动意味着更低的旅行成本和更多的户外机会。因此，大都市的环城游憩带应运而生，既满足了城市居民的活动需求，也满足了开发商对郊区开发的供应（Wu and Cai，2006）。

环城游憩带指位于大城市郊区，主要为城市居民光顾的游憩设施、场所和公共空间，特定情况下还包括位于城郊的外来旅游者经常光顾的各级旅游目的地。牛永革（2022）的研究显示，58.2%的受访者在过去一个月内至少到城市周边游玩过一次。城市内部访客不受性别、年龄、收入和居住地的影响，也就是说，到都市周边游玩的人群具有普遍性和广泛性。城市内部访客周边游憩的偏好依次为自然风光、人文观光、民俗体验、运动休闲和人工娱乐。城市内部访客到周边游憩的目的：放松心情、身心愉悦、亲近大自然、释放压力、呼吸新鲜空气、家庭温馨、换个环境调整情绪、体验新的生活、感受民俗风情、体验历史文化、增强情谊、增长知识、健身运动、体验宗教文化、打发时间、玩玩游乐设施、购买当地的土特产、寻找刺激、开展业务活动。上述游憩动机可以转化为知识、商业和新奇、亲近自然和运动、休息和放松、和家人朋友在一起五个因子。

按照重要性的均值从高到低排序，都市周边游憩质量属性由 18 个项目组成：游客的身心安全、来往景区交通的便捷性、服务人员的友好性、价格合理性、景区整体清洁度、旅游设施的舒适性、旅游信息的准确度、景区内线路设计合理、住宿设施、旅游项目的特色化、旅游项目的独特性、咨询服务、餐饮的特色、投诉服务、售票服务、旅游项目的多样性、旅游商品的特色、促销活动。牛永革（2022）的研究发现，游憩质量属性能够有效识别两种细分市场：游憩弱动机访客市场和游憩强动机访客市场。游憩强动机访客对各个质量属性的权重赋值均大于游憩弱动机访客。旅游项目的独特性、旅游项目的多样性、旅游项目的特色化、旅游商品的特色、餐饮的特色五个质量属性在识别游憩动机形成的两个子市场中的贡献居于前五名。

1.3.5　城市外部访客

城市外部访客是城市服务的第五类个人顾客。一个人会因为特定的目的而访问某个城市，如参加政务活动、商务活动、学术会议，或者走亲访友，或者专程旅游。如此，就形成了城市外部访客。访客，指访问的目的地不是其通常居住的地区，且其目的不是被目的地的常住实体单位雇佣并获取劳动报酬，并且在外持续停留时间不足一年的人（Leiper，1979）。城市和单一的旅游景点不同，它拥有超强的综合实力，以其丰富的休闲娱乐场所及旅游景点吸引休闲观光类访客；以其频繁的经济活动和现代化的商务环境吸引商务型访客；以其现代化的医疗设备和优质的医疗资源吸引偏远地区的患病人员和陪护家属；以其优质的教育资源吸引参加学术会议、求学和培训类的访客。总之，城市是一个具有多种功能的综合体，吸引着各种各样的访客频繁进出城市。

Nesbit（1973）将旅游市场划分为四种类型：个人商务旅行、政府或企业商务旅行、看望朋友和亲戚、休闲度假。这种划分模式是基于广泛意义上的旅游目的地形成的，然而，对城市访问而言，却不尽其然。为此，牛永革（2022）根据 Nesbit（1973）关于四种旅游市场类型和特征，聚焦城市访问，组织了关联的小组访谈。研究发现，城市访客包含四个类别：①休闲，包括但不限于度假、观光、娱乐、旅游、走亲访友；②学习，包括但不限于参加科学研究、学术交流会，参加正式或非正式的在职培训课程；③ 公务，包括但不限于参加政务会议、业务会议、交易会、展览会等活动，举行演讲、音乐会、演出等活动，进行促销、出售、购买货物或服务等活动，作为外交人员、军事或国际组织人员参加外国政府使团，参加非政府组织使团，参加职业体育活动；④其他，包括但不限于宗教、保健和医疗。

根据场理论，访客到一个城市访问，个人内在因素即动机和需求，是个人空间行为的决定性因素。抛开访客的特定目的，如看病、走亲访友、业务推广等，所有的访客在空间移动中不可避免地和吃、住、行、游、娱、购六个资源节点发生联系。从马斯洛的需要理论来看，吃、住、行是人的生理需求，是最低层级的需求，也是最必要的需求。如果这些需求得不到满足，访客很难发生空间移动和停驻，更无法开展关联的活动。游、娱、购是访客实现了阶段性目的或者完成了本次访问的全部目的之后所做的精神补偿。站在城市服务设施的角度看，访客的六种需要正好由餐饮服务、住宿服务、交通服务、旅游服务、娱乐服务和购物服务六种对应的服务设施给予满足（Murphy et al.，2000）。按照拓展的场理论即互动主义观点，访客在城市空间中的社会互动，是影响访客空间行为的主要因素。这种社会互动，主要体现为访客与本地居民的社会接触。这种社会接触会影响到访客的行为，进而影响到访客在城市空间内的体验感知。毋庸置疑，城市环境也是影响访客空间行为的关键因素。支持性环境因素保障着访客空间行为的发生，但它常常不被访客注意到。一旦支持性环境因素没有发挥必要的效用，就会导致访客不好的访问经历体验。缺乏支持性环境因素会导致访客不满意并破坏访客整体访问经历体验。所以，牛永革（2022）基于时空行为理论和场理论，结合上述分析，认为城市访客空间行为的质量感知将受到城市服务设施（餐饮服务、住宿服务、交通服务、旅游服务、娱乐服务和购物服务）、社会接触（当地居民素质）和支持性环境因素（社会秩序与安全、环境卫生、空气质量、天气和独特性）的影响。

1.3.6　本地企业

本地企业是城市服务的第一类组织顾客。本地企业为当地创造了税收和就业，是城市经济发展的核心组成部分。企业通常对以下条件产生特定的需求：①自然环境；②地理环境；③社会环境；④文化环境；⑤技术环境；⑥企业周边环境；⑦土地资源；⑧容积率；⑨公共交通；⑩道路；⑪电力；⑫天然气；⑬水资源；⑭通信网络；⑮人才需求；⑯医疗设施和服务；⑰教育设施和服务；⑱市政服务；⑲技术补贴；⑳政策要求；㉑特殊要求等。资源导向型企业侧重于需要当地能提供特定资源的自然环境和地理环境；技术驱动型企业则需要当地的文化环境、技术环境营造有利于创新的氛围，借助企业的管理系统把这种氛围转化为技术创新的连续性活动。不同性质的产品对原料和关联生产活动以及对应的制度安排的要求不同，如此，对上述条件的要求也不尽相同。

城市一般通过营商环境和政商关系管理和引导本地企业，在确保企业获得上述条件的基础上为企业营造良好的市场交易环境。所谓的营商环境，是企业在开办、获得信贷、纳税、申请破产等存续周期内因遵循政策法规所耗费的时间和成本的总和（World Bank，2003）。营商便利指数（ease of doing business，EDB）是衡量一个国家营商环境优良状况的一个典型指标。营商便利指数主要由 12 项内容组成：①开办企业（starting a business）：开办有限责任公司需要的程序、时间、成本和最低交付资本。②处理施工许可（dealing with construction permits）：完成建造仓库和经营场所的所有手续的程序数量、时间和成本，以及施工许可制度中的质量控制和安全机制。③获得电力（getting electricity）：企业为新建经营场所获得永久电力连接所需的程序和时间，以及连接电网的成本、电力供应的可靠性和电价的透明度。④登记财产（registering property)：转让和登记财产的程序、时间和成本，以及土地管理制度的质量。⑤获得信用（getting credit）：获得信用的措施、动产抵押法和信用信息系统，主要包括法定权利强度指数（strength of legal rights index）、信用信息深度指数（depth of credit information index）。⑥保护投资者（protecting investors）：保护中小股东在关联交易和公司治理中的权利，包括有关披露程度、董事责任程度和股东诉讼难易程度的指数。⑦纳税（paying taxes）：公司遵守所有税收法规，每年用于准备纳税申报表的时间，按照申报流程应缴的税款总额，以及应缴税款总额占毛利润的份额。⑧跨境贸易（trading across borders）：出口和进口所需的文件数量、成本和时间，即在跨境贸易中，对具有比较优势的产品出口和零部件进口的时间和成本进行量化。跨境贸易指标汇总了完成与假定的货物贸易相关手续所花费的时间和成本，包括内陆过境、文件准备和边境延误。⑨执行合同（enforcing contracts）：执行债务合同的程序、时间和成本。它主要衡量如何解决商业纠纷以及如何实现司法程序的目标。⑩解决破产（resolving insolvency）：涉及商业破产的时间、成本、结果和回收率（recovery rate）以及破产法律框架的力度。⑪前沿距离（distance to the frontier）：显示每个经济体与"前沿"的距离，这代表了自营商环境报告纳入每个指标以来，所有经济体在每个指标上观察到的最高表现。⑫良好实践（good practice）：提供经济体政府过去在营商环境报告衡量的领域中如何改善监管环境的见解（World Bank，2023）。

政商关系（state-business relations），指政府和企业之间的关系。它表现为在整个经济、特定部门、不同公司或政策实施过程中的正式、定期协调或非正式的临时互动的交流和协作（te Velde 2013）。低收入国家的政商关系被视为包容性增长（inclusive growth）（经济增长能提高广大人民的生活水平）和结构转型（structural transformation）（经济结构转向生产率更高的活动和产业）的关键决定因素。有效的政商关系可以通过提高投资率和生产率对经济增长产生积极影响。政商关系可以是被动的，即政府不与特定的民营企业接触，而是制定政府与民营企业接触的正式和非正式规则。政商关系也可以是积极的，即政府可以直接干预，支持某些企业和行业。

能促进经济增长的政商关系就是有效的（或者协同的）政商关系。有效的政商关系具有以下特征：①透明度（信息流动）：企业和政府之间交换准确可靠的信息。②互惠性：政府采取行动以提高企业绩效，以换取补贴或其他形式的政府支持。③可信的承诺：国家对可预测的政策、交易或安排的可信承诺，这可以通过正式和非正式机构来保证。④稳定的政策环境：为民营企业的投资提供一定程度的安全保障。⑤强有力的制衡：对政府政策、税收和支出进行强有力的制衡，确保税收政策和公共产品是适当的和高质量的。⑥政府与企业密切协商、协调和互惠（Sen，2014）。出现有效的政商关系可以解释为，经济管理机构由相对有能力的个人组成，他们不会屈服特殊利益集团的压力去做事；存在代表企业利益的强大政府和行业商业协会；存在激发地方政府与企业合作的动机。串通或无效的政商关系的特点是企业与政府之间的寻租关系。在这种关系中，有人利用政府机构和商业协会来谋取私利，而不是为了追求提高效率和经济转型的集体目标。

1.3.7 潜在投资者

潜在投资者是城市服务的第二类组织顾客。新的资本有的来自国外直接投资，有的来自本国其他地区。这些资本可以投入现有的企业，促使其产生更大的规模效应和范围效应；也可以投在有市场前景的项目上，实现城市的经济结构转型。城市对投资者的吸引力和商业友好性是投资者关注的两个关键内容。

对投资者的吸引力（attractiveness to investors）可以衡量一个地方的比较优势，当公司考虑在某个城市投资时，会考虑到这一点。对投资者的吸引力环境由两个子环境组成：①基础设施弹性（infrastructure resilience）和市场潜力（market potential）；②盈利能力和成本有效性（cost effectiveness）。前者包括政府对一个城市基础设施的建设状况、企业对基础设施质量的看法、城市的市场规模和进入该城市的投资额，后者包括劳动力成本、获得土地和财产的难易程度以及税收比例。许多学者强调基础设施对经济增长的重要性。基础设施是生产要素之一，通常由公共资本提供，并使其他生产要素能够更有效地利用。优质基础设施往往会导致更高的生产率（Straub and Terada-Hagiwara, 2011），并最终使一个地方更具成本有效性。这可以理解为，企业的成本效益不仅取决于基础设施，还取决于获得劳动力、土地和生产空间的成本和难易程度。当地具有灵活性的劳动力市场能够使企业通过调整人力资源更灵活地应对不断变化的运营需求（Busse and Hefeker, 2009）。同时，通过明确和公平的土地管理过程获得的土地空间可以让企业得以成长和扩张（Ding and Lichtenberg, 2011）。

商业友好度（business friendliness）衡量的是当公司已经承诺投资，但仍可能以一些成本退出时，考虑到的运作的容易程度。这些都是公司在做出投资承诺后会仔细审查的事后因素。商业友好度环境由两个子环境组成：①促进商业运作，包括容易获得有利的劳动力供应、金融服务、可靠的当地供应商，以及远离犯罪、暴力和政治不稳定；②企业对监管程序和官僚作风的评价，如创业难易程度、缴纳公司税难易程度等，这些指标是根据当地企业和管理者的看法（不是法律上的评估）来衡量的。

1.4 市场导向

1.4.1 顾客导向

顾客导向就是识别和分析当前顾客和未来顾客的需求，通过协调性的活动用恰当的产品去满足他们的需求，为他们创造价值，进而赢得顾客的满意（Kohli and Jaworski, 1990）。对城市而言，需要识别顾客的需求，开发出顾客期望的产品，有效地传递这些产品，由此提升顾客满意度。城市应该建立起顾客导向的观念，把城市居民、潜在人才、城郊农民、城市内部访客、城市外部访客、本地企业和潜在投资者七类主体视为城市的顾客，确定七类顾客的核心利益诉求。例如，城市居民的核心利益追求是，在城市生活和工作过程中，个人和家庭成员拥有舒适的公共生活环境，可获得理想的生活质量，并对城市形成满意感、自豪感、依恋感、主观幸福感，能以主人翁的意识和行为自由地开展自己喜欢的活动，把自己对城市的感受分享给城市的外部成员。潜在人才的核心利益追求是，在城市创造的更多的就业机会中选择机会成本最低的工作岗位，并得到事业的持续发展和进步。城郊农民的核心利益追求是，离开赖以生存的环境后，政府提供的补贴、保障和职业培训，能顺利地在不可逆转的身份转换过程中，个人和家庭的生活质量不低于之前的生活质量。城市内部访客的核心利益追求是，能在繁忙的工作之余换个环境调整情绪，锻炼身体，亲近自然，唤醒无意识注意（involuntary attention），从而使定向注意（directed attention）得到自我补充和恢复（Kaplan，1995）。城市外部访客的核心利益追求是，在实现访问目的的旅程中每一个空间活动和社会交互行为都能感受到这个城市的热情、文明和温暖，并获得愉悦的体验。本地企业的核心利益追求是，在城市里可获得完成企业经营活动所必需的条件，产生较低的营商环境成本，在友好的政商关系中，公平地开展市场交易活动。潜在投资者的核心利益追求是，选择到对投资者吸引力强和商业友好度高的城市投资，获得目标城市关于商业环境详细准确的信息以及对应的商业承诺；在投资的过程中，目标城市关联的职能部门能保护投资者的合法权益，并确保潜在投资者在有效、友好的商业环境中开展经营活动。

在落实城市顾客导向的观念过程中，城市居民导向是实现其他六类顾客导向观念的基础。这与城市诞生与演化密切关联。现在开放性的城市脱胎于有围墙的城堡，人类建立城堡的目的是构建一个区域的宗教、立法、司法和行政的中心，形成权力聚合；在权力的驱使下安排更大规模的生产和社会活动。而实现这些目标，依赖于居住在城堡里的人。因此，建立服务于人的空间活动关联的基础设施和服务体系则成为城市的首要任务。当人类开启第一次工业革命之后，工业生产活动和农业生产活动相比，前者的程序更复杂，使用的设施和技术更先进，有组织有计划的集体活动成为生产活动的必要形式，生产的成果更丰富，需要在更加开放的空间里交换劳动成果，因此就拆除了城墙，在更大的地理空间里安排生产活动，由此也要求城市在更大的空间里安排人的生活设施。也就是说，城市的存在和持续，首先必须满足城市居民的需求。吸纳优质的潜在人才到本城市工作，以及在水平上扩展城市地理范围，都是本地城市居民追求更大的生活环境和更高的生活质量所引发的延伸性需求，因此，城市居民导向观念决定潜在人才和城郊农民两种顾客导向观念。钢筋混凝土构建的空间容易让人产生冰冷感，失去生活上的烟火气息，城市周边环城游憩带体现出逆城市化的特性，融合了城市＋乡村两种聚落形态的优势，能满足城市居民对健康、自由度、环境质量、自然/生物多样性、拥有丰富多彩的生活等生活质量的利益追求。所以，内部访客导向观念反映了城市居民导向观念。在商品和资源需要自由流动的时代，在人们追求价值最大化的时代，在知识和信息不断地被发现和创造的现代城市环境中，访问目标城市以期实现特定的目的，已经成为现在城市空间活动中的必然形态。在此过程中，可为目标城市带来旅游、餐饮、住宿、购物等方面的经济收益，为目标城市服务行业的繁荣注入活力，也可为本地居民创造就业机会，带动当地居民收入的提高。因此，城市居民导向观念激发和推动了城市外部访客导向观念。同理，对于本地企业和潜在投资者两类组织顾客，城市居民主观上具有强烈的维持和不断提升个人和家庭收入的动机，因此，就需要找到适合自己知识和技能的企业工作岗位，通过工作投入获得关联的收入。如此，城市居民导向观念激活和提升了本地企业导向观念和潜在投资者导向观念。

为了执行上述七类顾客导向观念，除城市需要识别他们的需求，开发并提供关联的产品和服务体系之外，城市管理者还应该搭建平台，促使各个职能部门、各个单位之间力量的对接和协同，确保产品体系的正常运转，满足各类顾客的利益诉求，创造和传递卓越的客户价值。综上所述，我们可以构建以城市居民导向观念指导下的城市产品质量体系，由此来评价城市的高质量发展状况。

1.4.2　竞争者导向

Narver and Slater（1990）将竞争者导向定义为对当前和潜在竞争对手的短期优势和劣势以及长期能力和战略的深入理解。采取竞争者导向的城市，意味着需要建立一个坚实的有关现有的和潜在的竞争对手的情报体系，分析竞争对手的战略、资源、产品、劣势和优势，并在此基础上，制定有利于培育本城市持续竞争优势的决策和行动方案，最终在复杂创新、产品/服务范围、市场范围、成本控制和领导力、质量、生产能力和差异化利益等方面产生持续的改进和提升。不能有效识别竞争对手，将导致如下结果：不清楚竞争对手的能力、成功的经验，不清楚竞争对手哪些理念和做法值得学习（Slater and Narver，1998）。一个城市通过全面分析竞争对手，可以借鉴其先进的经验，确定自己的禀赋资源和相关优势，识别自己在世界上的市场机会，从而规划自己的城市竞争战略。

全球竞争促使城市在全球化的进程中定义自己的角色，并建立利基市场领域，城市可持续性是竞争优势的来源和城市竞争战略的必然选择（Carrillo et al.，2006）。基于全球竞争的视角，在全球其他城市的对比中，必然会学习和借鉴持续性发展比较好的城市的经验和做法，改善本城市的发展思路。也就是说，秉持竞争导向理念的城市不再把经济利益作为城市发展的唯一目标，必然会在全球的城市竞争中定义自己的身份，其中可持续的城市生态系统就是一个重要的选项，因此具有竞争导向的城市必然会建立生态和谐，以期实现城市的长远发展。

竞争导向为城市管理者的决策建立了竞争对手分析的情报基础。对一个城市而言，为了实现差异化和获得竞争优势，需要对比分析竞争对手的核心资源和技能，据此构建合理的竞争战略。因此，这样的城市应该具有开放的胸襟，在全球范围内建立信息、知识和情报的连接系统。此外，在世界城市网络中，一个城市的繁荣程度不仅取决于它的竞争优势，还在于是否和世界其他城市进行通力合作，吸纳其他城市的优势资源，充分整合自己的优势资源，进行优势叠加；同时，借助全球联通性弥补自己的资源短板，改进自己的价值链体系。因此，具有竞争导向的城市就会强化城市的全球联通性。

1.5　市场导向城市高质量发展测量的价值

1. 可以让城市管理者清楚城市的高质量发展体系中各个指标的绩效表现，以及各个指标之间的差异性，确定哪些指标要好一些，哪些指标弱一些。

2. 明确不同城市在高质量发展的单一指标上，哪些城市表现比较好，哪些城市表现弱一些。

3. 参照城市高质量发展指标合并后形成的综合性指标，清楚哪些城市表现比较好，哪些城市表现弱一些。

4. 确定学习的标杆城市，把绩效表现突出的指标作为明确学习的方向。

5. 根据城市高质量发展指标体系的绩效表现状况，确定本城市的特色和优势。

第 2 篇　市场导向中国城市高质量发展评估方法论

2.1　基本概念

中国城市高质量发展评估基于以下 11 个概念而形成。

1. 中国城市高质量发展，是基于市场导向观念所形成的概念，指城市通过识别和确认城市顾客的需求，设计城市顾客预期的产品体系。同时，利用本地的禀赋资源，吸收其他地区的优势资源，不断强化城市的比较优势，持续完善和升级城市产品，彰显城市产品的绩效，为城市顾客创造价值，提升城市顾客满意度。在此基础上，以顾客满意为核心，为城市顾客创造更好的精神体验和心理感受。

2. 居民导向。城市管理者把居民利益放在优先考虑的位置，不断为居民创造卓越的价值，最终目的是提高居民的满意度和生活质量。在当代城市中，居民导向是城市实施营销管理的核心。通过对居民的关注，城市管理者可以更好地了解居民的需要和欲望，开发出更令人满意的产品和服务，获得更高的居民满意度，同时也可以获得更高的居民忠诚度。居民导向可以帮助城市预测客户需求，对城市产品进行差异化打造，从而创新城市产品，获得新客户（Calantone et al.，2010）。与此同时，城市管理者应该搭建平台，促使各个职能部门、各个单位之间力量的对接和协同，创造和传递卓越的客户价值（Troilo et al.，2009）。同为某一座城市的居民，不同群体的顾客对同一种城市产品存在不同的利益诉求，如在社区公园里，有的人喜欢安静，有的人喜欢吵闹；有的人希望做一些简单的运动锻炼身体，有的人则希望能坐在那里静静地发呆。诸如此类的差异不一而足。具有居民导向意识的城市就会在社区公园里设计不同的分割区域以方便不同群体的利益追求。城市导向观念的主要特征表现如下：城市公共产品的开发和建设充分考虑了居民的需要，城市管理者知道城市居民怎么看待城市的公共产品（服务），城市管理者将居民利益放在首位，城市的管理者认为城市的首要服务对象是城市居民。

3. 竞争者导向。采取竞争导向的城市，城市的管理者会关注有关竞争城市的信息，如主动到其他城市参观学习；对竞争城市的行为做出迅速反应，如主动学习其他城市的先进经验；讨论竞争城市的战略，如聘请专家，组织相关的学习会或者研讨会；为了城市的竞争优势而寻找各种各样的机会，如出台专项政策吸引优质生产要素的流入。

4. 城市产品：有形和无形的产品属性的混合物，用以满足城市居民对舒适性公共生活环境的愿望和需要。根据 Niu et al.（2017）的研究，城市产品包含 3 个领域 15 个维度的福利元素：

（1）城市公共生活环境的物理特征对应两个福利要素：宏观环境、城市设计和标志性建筑。

宏观环境，是指一个城市的自然、地理、文化、人文景观及其经济竞争优势。一个人所处的宏观环境直接影响他的生活质量和幸福感。宏观环境的子概念包含①天然景观：受到人类间接、轻微或偶尔影响而原有自然面貌未发生明显变化的景观。其可以用形态美、色彩美、听觉美、嗅觉美、动态美、象征美六种审美属性予以表征。②地理位置：用来描述地理事物时间和空间关系。地理位置是指绝对地理位置，是以整个地球为参考系，以经纬度为度量标准。同时，地理位置也指人文地理位置，具体体现为政治地理位置（首都、直辖市、副省级城市、省会城市、地市级城市、县级城市），文化地理位置（人类重要文化的产生地），经济地理位置（某一城市与主要工业地带、工业区域、经济地域的空间关系，与主要燃料、原料地的空间关系，与主要经济集团的空间关系，与主要航线、港口、主要交通线路、主要交通枢纽的空间关系，与国内、国际市场的空间关系等）。③城市文化：生活在城市区域内的人们在改造自然、社会和自我的对象化活动中，所共同创造的行为方式、组织结构和道德规范，以及这种活动所形成的具有地域性（或城市特色）的典章制度、观念形态、知识体系、风俗习惯、心理状态、技术和艺术成果，或者习俗以及人所习得的一切能力和习惯。④人文景观：自然与人类创造力的共同结晶，反映区域独特的文化内涵，特别是出于社会、文化、宗教上的要求，并受环境影响与环境共同构成的独特景观。人文景观最主要的体现即聚落，还包括服饰、建筑、音乐等。人文景观具有一定的历史性、文化性，是以一定的实物和精神等为表现形式的旅游吸引物。⑤经济结构：经济系统中各个要素之间的空间关系，包括企业结构、产业结构、区域结构等。不同的经济结构类型关系到企业财务活动的发展程度、范围、投资方向、资金来源和盈利水平。

城市设计和标志性建筑，是指城市空间结构彰显的独特性和卓越性，包含城市规划的长远图景、产业结构的合理性、街道和社区设计的科学性、建筑风格和地标性建筑特征。城市的空间结构不仅反映了其物理特征，更是反映了其象征性意义。城市设计和标志性建筑的子概念包含①城市整体规划：以发展眼光、科学论证、专家决策为前提，对城市经济结构、空间结构、社会结构发展进行规划，常常包括城市片区规划。其具有指导和规范城市建设的重要作用，是城市综合管理的前期工作，是城市管理的龙头。城市的复杂系统特性决定了城市规划是随城市发展与运行状况长期调整、不断修订、持续改进和完善的复杂的连续决策过程。所谓城市整体规划，是指根据城市的地理环境、人文条件、经济发展状况等客观条件制订适宜城市整体发展的计划，从而协调城市各方面发展，并进一步对城市的空间布局、土地利用、基础设施建设等进行综合部署和统筹安排的一项具有战略性和综合性的工作。城市规划是为了实现一定时期内城市的经济和社会发展目标，确定城市性质、规模和发展方向，合理利用城市土地，协调城市空间布局和各项建设所做的综合部署和具体安排。②城市街区规划：市政管理部门对城市中不同街区的确定和各个街区的功能定位。③标志性建筑：同时具备心理和地理上双重意义的承载着城市特征的建筑。它们在视觉上具有易见性与突出性，在认知上具有象征性、文化性和独特性。城市标志建筑物可以是单体建筑或建筑群体，也可以是某一开放空间，不一定限定为三维下的垂直物体。

（2）人的空间行为关联的设施和服务对应的八个福利要素：社区基础设施、社区管理与服务、交通系统、休闲和娱乐、餐饮、购物、公共事件、个人职业发展。

社区基础设施，是指社区里满足居民个人和家庭成员每天生活需要的设施的获得性和质量。日常生活中通常指医疗机构、菜市场、邮政系统、金融服务、超市、幼儿园、路灯设施、视频探头、公共活动空间等。社区基础设施的子概念包含①社区医疗卫生机构：以居住的社区为中心步行 10 分钟，即半径 400~500 米，有一家医疗卫生机构。它能为居民看头疼脑热等小病，可以对一些慢性病做康复性治疗，也可以对身患疾病的人做初步性判断和诊治。②社区内菜市场：以居住的社区为中心步行 10 分钟，即半径 400~500 米，有多个菜市场。居民在此可以买到自家做饭或者宴请客人用的各类瓜果蔬菜、禽蛋肉和主食。③社区内邮政系统：服务于居民对信件和小物件的跨空间移动需求。④社区内购买日常用品：社区附近有家用日常消费品的销售点，如超市、杂货店。⑤社区内小孩入托：社区附近有幼儿园。

社区管理与服务，是指生活小区管理机构向小区中的成员提供服务的全面性和质量，包括驾驶车辆进出小区和停车的方便性、环境的清洁程度、个人和家庭的安全性，以及为居民提供充足的公共活动空间。房地产开发企业建成一组商品房，构成一个居民小区，物业服务可以由地产公司提供，也可以委托第三方专业的服务机构。汇总而言，物业管理机构主要向小区成员提供如下五方面的服务：安全保卫、环境清洁、设施管理［电力、电梯管理、中央空调、自来水供应、污水处理、暖气供应、天然气（煤气）供应］、停车和交通管理、景观维护和绿化。社区管理与服务的子概念包含①社区公共活动空间：社区中楼宇之间的距离，供居民散步的小道，供居民健身的运动设施和设备，供居民小憩的亭台和座椅，绿化、景观、花园。②社区车辆管理：社区居民驾车进出社区对应的车辆管理体系，具体表现为进入社区的门禁具有自动化和人性化特性，居民开车进出方便，道路畅通，停车也比较便捷。③社区清洁管理：及时清理居民在日常生活中产生的各类垃圾，及时清理下水道所产生的污水。其具体表现为，垃圾箱摆放位置恰当，由专门的机构和个人专门负责生活垃圾处理，垃圾能得到及时处理，公共区域能得到及时打扫和清理，小区内下水道不堵塞，下水道的污水没有溢出路面，下暴雨时雨水能够及时通过下水道进行排放。④社区安全管理：社区管理机构向居民提供的安全服务，包括社区巡视、巡查，盘查外来人员，及时发现可疑人员，协调社区内部人员的矛盾，及时制止社区内部人员的冲突，配合公安人员处理民间纠纷和各类刑事案件，保护社区居民的生命财产安全不受非法侵害。

交通系统，是指个体在城市内部各个位置之间空间移动和进出城市关联交通的方便性和快捷性。它一般包括城市每天道路交通的通畅性、公共交通体系的成熟性，以及个人驾车停车的方便性。交通系统的子概念包含①城市道路：城市空间移动的道路设计合理，以及在通勤时间交通通畅。城市主干道：用来联系重要交通枢纽（国道、省道等）、重要生产区（工矿企业等）、重要公共场所（商业中心、学校、集会中心、党政机关等）

及其他重要地点的道路和地铁，通常分布在城市的轴线、环线上。对于人口超过 200 万的大城市而言，各级道路宽度有一定标准。主干道 45～55 米，次干道 40～50 米，快速路 40～45 米，支路 15～30 米。②公共交通线路：城市公共交通中的车、船、地铁运行通路。在一定区域内按照固定的线路、站点和规定的时间营运，用于运载乘客并按照核定的营运收费标准收费的地面交通和地下交通的运营路径。公共交通线路上运行的车辆以及对车次的管理：管理特定线路上运行的车辆，设计特定线路上的车次，提升公共交通的运行效率。其具体表现为，城市任意相隔较远的两点之间总能找到公共交通线路；运行在公交线路上的班车准点，上下班高峰时期车次多；服务态度好。③自驾车在城区指定范围的停车管理：城市关于移动车辆的停车场的划定以及关联的车辆安全的管理。其具体表现为，在目的地容易找到停车位；停车时，车辆和货物安全。

休闲和娱乐，是指各类休闲和娱乐项目的获得性、环境的舒适性和丰富性。休闲娱乐是人们在非工作期间进行与工作无关的活动，且这些活动必须是人们自愿进行的，以放松身心、愉悦身心为目的。休闲是当一个人在做选择的时候，自己可以自由支配的时间，或者就是一种随意的时间。它是没有义务的时间，即摆脱对生理或社会需求的预先承诺。休闲包括随意性休闲（casual leisure）和严肃性休闲（serious leisure）。严肃性休闲指业余爱好者或者志愿者活动的系统化追求，参与者能发现活动有趣的本质，在此过程中，他们能获得和表现自己的特殊技能、知识和经验。娱乐是个体休闲体验的一种形式，被看作一种情绪状态或条件，源于一种幸福和自我满足（self-satisfaction）的感觉。因此，它独立于任何身体活动或社会活动。娱乐通常表现为享受、消遣、快乐，简而言之"玩"。娱乐活动的清单是无止境的，几乎囊括人类的所有活动，如读书、看电影或电视、体育、旅游。公共空间，如公园和海边，是很多人开展娱乐活动的场所。

餐饮，是指饭店的数量以及它们提供菜品和服务的质量。其具体表现为，食客在不同饭店都能点到自己喜欢的菜品；这些菜品价格各异，能满足不同食客的需求。

购物，是指商店的数量以及它们提供产品或服务的质量。其具体表现为，顾客在不同商店都能买到自己喜欢的商品；这些商品价格各异，能满足不同顾客的需求。

公共事件，是指由城市管理者组织和一部分当地居民参与的事件和活动，以期改进城市的基础设施，刺激当地的经济发展和改善城市形象。从税收到就业和收入来源，大型活动具有重大的经济影响。它可以为主办城市增加宣传的机会，为本地吸引潜在投资。在这样的环境下，文化活动成为改善城市形象的一种手段，可为城市街道增添活力，使市民对自己的家乡城市重新感到自豪。文化活动包括音乐会、公共娱乐和节日活动等。与城市产品不同，公共活动对当地居民具有强烈的双重影响。例如，在大型活动的设施建设和举办活动期间，可能会出现交通拥堵和停车难问题。

个人职业发展，是指城市为居民提供的就业、深造、实现自我价值的机会。居民居住在城市里，可通过社会互动积累人力资本，帮助其找到合适的工作。如果一个城市可以为愿意工作的居民提供适当的职业发展机会，居民就可以获得经济补偿，并对城市产生强烈的依恋。

（3）对人的空间行为存在显著影响的利益相关者对应的五个福利要素：市政管理和服务、空气质量、政府官员勤政、社会秩序与安全、周围居民素养。

市政管理和服务，是指城市向它的居民提供的超越社区管理与服务之外的相关设施和服务。它具体包括公共厕所、基础教育（包括幼儿教育、小学教育和中等教育）、城市绿化、公园分布、关怀弱势群体等。市政管理和服务的子概念包含①公共厕所：居民在城市的空间移动过程中解决内急的场所。其具体表现为，布局合理，一定的街道区间内有一个公共厕所，在某一个公共活动空间布局一定数量的公共厕所，专人打扫和清洁厕所，厕所干净卫生，厕所配备卫生纸。②基础教育：我国基础教育包括幼儿教育阶段、小学初等教育阶段和初高中教育阶段三个教育阶段。其具体表现为，幼儿、小学、初中、高中阶段对应的数量和位置规划合理，校园安全，校园秩序良好，教师素质好，教师负责，认真学习的学生可获得知识，校园文化积极向上，学生之间团结友爱。③城市绿化：在城市土壤裸露之处种植草坪、花草、树木。其具体表现为，绿化率高；种植的花草树木能彰显城市的特色，赏心悦目，吸附灰尘，减少城市的扬尘。④公园分布：城市能向市民以及外来人员提供休闲和娱乐的室外公共空间。公园即供公众游览、观赏、休憩、开展科学文化及锻炼身体等活动，有较完善的设施和良好的绿化环境的公共绿地。公园具有改善城市生态、防火、避难等作用。公园一般可分为城市公园、森林公园、主题公园、专类园等。现代的公园以其环境幽深和清凉避暑而受到人们的喜爱。专类园包括动物园、植物园、儿童公园、文化公园、体育公园、交通公园等。而游乐场是公园里不可或缺的组成部分。每逢节假日，游乐场是孩子、情侣等到公园休闲、娱乐的必到之处。公园游乐场的主要游乐设备包含：机械游乐设备（过山车、缆车、简易转马、豪华转马、激光战车、轨道火车、升降飞机、自控飞机、液压飞机、碰碰车、海盗船、狂车飞舞、摩天轮、过山车、阿拉伯飞毯、观览车、三维太空环）、充气游乐设备（充气水池、充气城堡、充气迷宫、充气攀岩、充气滑梯、充气蹦极、充气游泳池）、水上乐园（水上滚筒、水上电瓶船、充气游泳池、充气水池、水上步行球、悠波球、漂流艇、皮划艇、手摇船、水上自行车、电动船、移动水上乐园、脚踏船、游艇）。⑤关怀弱势群体，是指政府对城市的弱势群体在经济、教育、交通等领域上的关心、帮助和支持。弱势群体主要指低收入群体、残障人士、年幼和年长的人群。

空气质量，是指城市里的空气对当地居民身心健康的伤害程度。城市空气中绝大部分的伤害性成分由尘土、汽车尾气和工业废气混合而成。快速的经济增长必然带来环境污染，通常以空气、水和土地污染的形式出现。空气污染是最难控制或预防的，因为其污染的来源和种类都比较多。在这三种类型中，城市空气污染防治最受居民关注。随着时间的推移，人均收入的增加，人们越来越意识到污染的负面影响，个人对清洁空气的偏好也在增加。

政府官员勤政，是指当地政府官员在日常的管理过程中所表现的效率、诚实和公平的程度。政府官员的职责有市政管理、社会管理、促进当地经济发展、城市的战略规划、财政预算和冲突管理等。许多发展中国家认为，培养地方政府官员的能力是一个重要的战略因素。地方政府从当地企业和居民那里获得税收收入，用于建设公共产品，如城市市政管理和住房建设，改善底层人群社会福利，维护公共设施，改善教育条件和环境，控制环境污染和培训新劳动力。

社会秩序与安全，简称社会治安，是指居民在私人空间（如在家里）或者公共空间

（如在街道上或购物场所）经历身体、生命和财产被他人侵害的可能性。

周围居民素养主要指城市居民在热情、文明、友好、友爱、礼貌五个品德方面表现出的态度和行为。个人和环境因素会影响一个人感知一个地方，如周围居民的社会人口特征、个人性格和品行、对类似地方的感情和经历、社会文化背景。社区居民通常会体验到一种地方感，一种与社区物理环境的强烈情感联系。社区的构成对居民具有情境效应，如感知到的一致行为，可能会增强社会和谐。对其他居民的信念是居民对邻居的社会特征的评估，这将影响他对社区的满意度。

5. 城市产品质量：城市产品所表现的绩效满足顾客预期的程度。在落实城市顾客导向的观念过程中，城市居民导向是实现其他六类顾客导向观念（潜在人才、城郊农民、城市内部访客、城市外部访客、本地企业、潜在投资者）的基础。因此，基于居民导向的城市产品质量可以反映城市各类顾客的基本需求。

6. 环境压力：城市各类顾客在特定城市空间活动中感受到的周围环境带来的不适感和痛苦感。人与环境的互动有各种各样的形式，从而产生不同的结果。鉴于人的生存能力，这些互动基本上具有积极的结果，但是，成功应对环境挑战和环境要求是要付出代价的。次优的环境条件提出的要求可能超出了个人的能力。这种环境要求与个人响应能力之间的不平衡被称为压力。压力通过免疫系统与疾病存在明确的关联。环境压力因素可以是急性的（如被困在隧道中的污染），也可以是慢性的（如居住在高速公路旁）。人对慢性环境压力应对模式，可以用一般适应综合征（general adaptation syndrome）的三个阶段来解释：①战或逃反应的报警阶段，紧急情况出现时，人的生理系统会调节肾上腺素分泌，促进血压、血凝固、心率和血糖水平的快速上升，降低消化节奏，将能量资源第一时间分配给肌肉；一旦紧急情况结束，系统就会恢复到基准线水平。②抵抗阶段，身体努力应对或者适应新要求。③耗竭阶段，身体资源开始耗竭，可能出现系统损坏。

环境压力主要包括噪声、空间拥挤和交通拥堵。环境压力的子概念包含①噪声指有害的声音，通常用强度（分贝）、频率（音高）、定期性（连续还是间歇性）、持续时间（急性或者慢性）来表征。强烈的、不可预测的、不可控制的噪声会产生消极感受，比如烦恼。慢性噪声会产生心理压力，影响工作绩效，改变人分配注意力的能力，损害人的记忆力。②空间拥挤是指空间需求超过可用空间状态下的心理感受水平。其具体表现为，居住的社区里楼宇之间距离比较近，经常乘坐拥挤的公交车，经常乘坐拥挤的地铁，在公共空间活动时人比较多。拥挤增加了人的心理压力，表现出紧张、焦虑以及非语言的紧张迹象。拥挤往往与社会退缩有关，社会退缩是一种应对机制，其特点是减少目光接触、增大人际距离，以及对交谈的回避。当人们通过社会退缩来应对拥挤时，就会在无意间损害社会支持。③交通拥堵通常指每天上下班时间合计超过一个小时，以及在上下班高峰时期经常遭遇拥堵路段。交通拥堵可能会导致人们形成更大的心理压力、消极的情感，以及较低的工作动力。环境压力也存在溢出效应，即会产生累积疲劳。在一个环境中形成的累积疲劳会影响个体在另外一个环境中的幸福度。

7. 城市产品质量净值：一个城市的产品质量总值减去环境压力总值。因为环境压力是城市顾客群体不希望出现的因素，它的出现偏离了城市顾客的目标和预期，将会降低顾客满意度，故而，应该把它减去。

8. 城市依恋：个体与特定地点之间的一种积极的情感联系，其主要特征是个体倾向于与该地点保持紧密联系。自然环境中的地点和个体对地点的不同感受会影响人们的地方依恋感，物理居住环境质量以及环境关联的社会必要性（指社会对于某种行为或做法的普遍认可和要求，通常是出于道德、伦理、文化等方面的考虑）正向影响城市居民的邻里关系。自然特征和开放空间在社区依恋中起着特别重要的作用。

9. 主观幸福感：对生活的认知评价（称为生活满意感）、积极的情感体验和消极的情感体验。生活满意感更多地反映了个人生活中广阔而持续的环境。一个人对所居住的城市感到满意，就会对生活产生更多的满意感，拥有更多的积极情绪和更少的消极情绪。个人的主观幸福感不仅表现为对人际关系、家庭生活、就业、健康和财务的满意度，还表现为与自然环境不同方面的关系。例如，绿地可以增强生活在城市环境中的人们的主观幸福感（Korpela et al.，2014）。人们与其自身生活环境的关系是更好地理解其主观幸福感的关键因素。所谓环境，包括一个人所居住的地理区域，是一个人生活中安全和稳定的因素。就业和与家人、朋友、伴侣、社区保持稳定的社会关系与个人的主观幸福感呈正相关（Caunt et al.，2013）。

10. 居民生活质量。生活质量（quality of life）被世界卫生组织定义为"个人在其生活的文化和价值体系背景下对其生活地位的感知，以及与其目标、期望、标准和关注的关系"。生活质量的标准指标包括财富、就业、环境、身心健康、教育、娱乐和休闲时间、社会归属感、宗教信仰、安全、保障和自由。生活质量具有广泛的背景，包括国际发展、医疗保健、政治和就业领域。完整的生活质量的测量包含以下 22 个方面：

（1）健康：保持良好的健康状况，可以获得充分的医疗服务。

（2）伴侣和家庭：拥有亲密的关系，拥有稳定的家庭生活和良好的家庭关系。

（3）社会正义：拥有平等的机会以及与其他人相同的可能性和权利，获得公正的对待。

（4）自由度：对个人生活的自由和掌控，能够决定自己想要做什么、何时做以及如何做。

（5）安全：家中安全和公共空间安全，能够避免事故以及犯罪。

（6）教育：有机会获得良好的教育并且培养自己的一般性知识。

（7）身份/自尊：拥有充分的自尊，能够形成自己的身份。

（8）隐私：有机会自我行动，做自己喜欢做的事情以及拥有自己的空间。

（9）环境质量：可以获得清洁的空气、水和土壤，拥有并且保持良好的环境质量。

（10）社会关系：与朋友、同事和邻居保持良好的关系，能够保持联络并且进行新的联络。

（11）工作：拥有或者能够找到一份工作，能够尽可能愉悦地完成工作。

（12）安全感：感受到其他人的照顾。

（13）自然/生物多样性：能够享受自然景观、公园和森林，确保动植物的持续存在以及生物多样性得到保持。

（14）休闲时间：工作和家务劳动后有足够的时间，能够随意地使用这段时间。

（15）金钱/收入：有足够的金钱购买必要和想要的东西并且做必要和想要的事情。

（16）舒适：拥有舒适而且方便的日常生活。

（17）美观：能够享受自然界的美和文化的美。

（18）变化/改变：拥有丰富多彩的生活，体验尽可能多的事物。

（19）挑战/激励：面临挑战并且体验愉悦和激动人心的事情。

（20）地位/认可：被其他人感谢和尊重。

（21）精神性：能够过上强调精神性和有信仰的生活。

（22）物质享受：在家中和周围拥有自己的个人财产。

11. 主人翁意识：像主人一样行使自己的权利。其具体表现为，做好自己的本职工作；关心这个城市每天发生的事情；积极建言献策；把城市发生的事情当作自己家发生的事；对于身边发生的不公平的事情，敢于直言，敢于与之做斗争；主动关心和帮助弱势群体；在乘坐公共交通工具时，主动让座；外地人求助，积极帮助；主动向外地人介绍城市；主动遵守公共秩序；对人文明友善，有礼貌；主动清理公共环境中的垃圾；主动制止公共环境中的不文明行为。

2.2　CCMRC 数据库

本书所形成的数据结果依赖于四川大学商学院中国城市营销研究中心（China's City Marketing Research Center in Business School of Sichuan University）所建立的数据库，简称 CCMRC 数据库。CCMRC 数据库是 2023 年 9 月四川大学商学院中国城市营销研究中心委托深圳金英教育科技有限公司从新浪微博平台获取发帖人签到地（省会和副省级及以上 36 个城市）与测量变量关联的帖子对应的 22GB 的数据建立的。数据采集时间范围：2023 年 4 月 1 日—2023 年 9 月 30 日。

本报告在 2024 年把省会和副省级及以上 36 个城市作为测量对象，发布中国城市高质量发展榜单和报告。2024 年，本报告首批测量的城市是省会和副省级及以上城市，共计 36 个，具体如下：

东北地区：哈尔滨、长春、沈阳、大连；

华北地区：北京、天津、石家庄、太原、呼和浩特；

西北地区：西安、兰州、西宁、银川、乌鲁木齐；

华中地区：郑州、武汉、长沙；

华东地区：济南、青岛、南京、合肥、上海、杭州、宁波、南昌、福州、厦门；

西南地区：重庆、贵阳、成都、昆明、拉萨；

华南地区：广州、深圳、南宁、海口。

2.3　市场导向中国城市高质量发展评估模型

本书所采用的市场导向中国城市高质量发展评估模型如下：

$$UHD = \{MOC，NVCPQ，OV\}$$

$$NVCPQ = CPQ - ES$$

$$CPQ \ (or \ ES) = CI \cdot \sum VD \cdot KW$$

其中：

UHD——城市高质量发展（Urban High-quality Development）；

MOC——市场导向观念（Market Orientation Concept），包含居民导向观念（Resident Orientation Concept）和竞争者导向观念（Competitor Orientation Concept）；

NVCPQ——城市产品质量净值（Net Value of the City's Products Quality）；

CPQ——城市产品质量（City's Products Quality）；

ES——环境压力（Environmental Stress）；

CI——修正指数（Corrected Index）；

VD——某一变量下子变量包含的领域（Variable's Domains）；

KW——描述某一领域关于变量的词汇（Key Words）；

OV——结果变量（Outcome Variables），主要指城市产品质量的结果变量，包括城市依恋（City Attachment）、主观幸福感（Subjective Well-being）、居民生活质量（Quality of Life）、主人翁意识（Consciousness of Master）。

在此需要解释的是，基于顾客满意的视角，产品质量的本质是顾客感受的产品绩效减去顾客对产品的期望。由于环境压力是顾客不希望出现的属性，故而，我们引入城市产品质量净值这个概念，即城市产品质量净值是指城市产品质量减去环境压力。

根据四川大学商学院中国城市营销研究中心的理论研究，城市产品质量不是孤立存在的，它的形成依赖于城市的市场导向观念，即居民导向观念和竞争者导向观念。另外，建立城市高质量发展指标体系存在现实上的意义，它可以对城市依恋、主观幸福感、居民生活质量、主人翁意识四个变量存在显著正向贡献。如此，本书报告居民导向、竞争者导向、城市依恋、主观幸福感、居民生活质量、主人翁意识六个变量在每一个城市的表现。

关于城市产品的单一变量的估算，四川大学商学院中国城市营销研究中心根据上述定义的概念对应的子概念，将其分解为不同的领域，界定子概念在这些领域的质量特征，结合中国网民的用词评价习惯，通过半年时间的多次迭代，界定出领域词和质量特征词的初步清单。在此基础上，抽选 1000 条微博帖子，两名编码员按照内容分析的程序进行独立编码，裁判员核对两名编码员编码结果的一致性，然后逐个对帖子进行讨论，分析编码结果差异不限于如下四个方面的来源：界定的领域不能完全覆盖子概念的内涵，界定的领域没有完全涵盖发帖人的评论，特征词反映界定领域的质量存在遗漏，特征词反映界定领域的质量与发帖人的用词习惯不吻合。然后修改和升级领域词和质量特征词，直到再也不出现编码结果不一致的情况，最终确定出用于正式研究的领域词和质量特征词。

城市产品质量的前置变量即市场导向观念和城市产品质量的结果变量的测量方法与城市产品的单一变量的估算方法的内在思路一致。

由于指标在各个城市之间呈现的实际绩效差异巨大，为了方便比较各个城市在同一指标上的差异性，本书把每一个指标呈现的绩效实际值换算成百分制数值。具体做法如下：当一个指标在 36 个城市中实际绩效最低值大于 0 时，本书把这个最低值设定为 60 分，最高值设定为 100 分，如此把分布在最小值和最大值区间的实际绩效值换算成百分制数值。当一个指标在 36 个城市中实际绩效最低值等于 0 时，把这个最低值设定为 50 分，最高值设定为 100 分，如此把分布在最小值和最大值区间的实际绩效值换算成百分制数值。另外，如果多个城市在某一指标上的实际绩效值相等，排名的顺序则相同。

2.4　市场导向中国城市高质量发展评估的质量保证

市场导向中国城市高质量发展评估方法是以四川大学商学院对城市营销多年来的学术研究积累为基础，集理论、数据和智库三位一体开发出来的。为了让评估结果得到更广泛的认可和应用，四川大学商学院中国城市营销研究中心建立了完善的质量保证体系。

1. 以城市营销理论为支撑。城市营销是一门由市场营销、旅游营销、饭店营销、城市规划、城市景观设计、景区管理、区域经济、环境心理、社区管理、产业集群、城市交通、社会制度与文化、安全管理、公共管理、法律、体育、教育等十七个不同知识板块融合在一起的交叉学科。四川大学商学院中国城市营销研究中心吸收了多学科交叉融合的特性，汇集中国城市现代化实践和国际系统化研究成果，从不同知识维度为市场导向城市高质量发展榜单构建提供了理论支撑，确保了评估过程和结果的科学性。

2. 将微博发帖的真实数据作为评估的基础。评估的数据来自微博信息源在中国城市签到并发布关于城市产品质量评论的全部信息。这些信息包括本地居民在本城市长期居住期间的所见所闻以及对所经历的人和事的评论，该城市外部访客逗留期间的所见所闻以及对所经历的人和事的评论。这些日常记录是信息源在某种场景下仔细观察城市空间活动和社会交互中能激发其深度思考和情感融入的显著性事件，是一种有感而发的自觉行为。我们收集目标城市签到者描述自身经历和感受的信息，既从宏大叙事的视角，也从每个签到者所体会到的城市运行的细微之处，汇总城市产品绩效的现实状况，由此保证评估结果的客观性。

3. 通过中立的第三方研究机构实施评估。本评估由四川大学商学院中国城市营销研究中心独立完成。在评估过程中不接受任何相关城市的咨询和联系，以便于保证评估过程和结果的公正性。

4. 广泛征求多个机构和学者的意见和建议。在 2024 中国城市高质量发展评估的过程中，我们征求了许多城市的管理者和学者的意见和建议，经过反复迭代和升级，形成的编码手册具有可靠性和有效性，设计的计算程序具有准确性，以保证评估结果的专业性。

第3篇　中国城市高质量发展指数榜

本篇从市场导向观念（居民导向观念、竞争者导向观念）、城市产品质量、环境压力、城市产品质量净值、城市产品质量的结果变量（城市依恋、主观幸福感、居民生活质量、主人翁意识）四个主要变量方面，报告每一个城市在这些变量上的绩效表现和排名。

3.1　市场导向观念

城市市场导向观念由居民导向观念和竞争者导向观念来反映和测量。中国城市在居民导向观念上的绩效表现和排名见表3-1-1，中国城市在竞争者导向观念上的绩效表现和排名见表3-1-2。

表3-1-1　中国城市在居民导向观念上的绩效表现和排名

城市	居民导向观念	百分制数值	排名
北京	32452.8442	100.0000	1
广州	22022.9160	87.1205	2
上海	16649.3661	80.4849	3
深圳	11817.5088	74.5183	4
杭州	10027.7716	72.3082	5
重庆	8667.0619	70.6279	6
南京	8632.0088	70.5846	7
西安	7636.1634	69.3549	8
长沙	7039.8411	68.6185	9
武汉	6154.7497	67.5256	10
合肥	5509.8639	66.7292	11
天津	4804.6855	65.8584	12
青岛	4744.0114	65.7835	13
成都	4636.0177	65.6502	14

城市	居民导向观念	百分制数值	排名
郑州	4529.8960	65.5191	15
厦门	3697.4885	64.4912	16
昆明	3417.4838	64.1454	17
太原	3292.3802	63.9910	18
福州	2779.0299	63.3570	19
兰州	2113.8858	62.5357	20
哈尔滨	2103.5315	62.5229	21
大连	2044.0405	62.4494	22
宁波	1943.7653	62.3256	23
沈阳	1683.5570	62.0043	24
济南	1634.0750	61.9432	25
石家庄	1624.0772	61.9308	26
南昌	1474.4612	61.7461	27
南宁	1434.2238	61.6964	28
银川	1013.1201	61.1764	29
长春	1012.6317	61.1758	30
拉萨	1011.3267	61.1742	31
贵阳	886.5925	61.0201	32
海口	799.9599	60.9132	33
西宁	799.6056	60.9127	34
呼和浩特	208.3055	60.1826	35
乌鲁木齐	60.4664	60.0000	36

表 3-1-2　中国城市在竞争者导向观念上的绩效表现和排名

城市	竞争者导向观念	百分制数值	排名
上海	2806.2270	100.0000	1
北京	2578.7529	96.7514	2
广州	1909.3455	87.1913	3
厦门	1366.7482	79.4423	4
深圳	1275.8886	78.1447	5
武汉	1254.9667	77.8459	6
长沙	1223.7601	77.4002	7

续表

城市	竞争者导向观念	百分制数值	排名
杭州	1089.7808	75.4868	8
南京	935.5854	73.2847	9
成都	878.9943	72.4765	10
青岛	739.7897	70.4885	11
重庆	736.5715	70.4425	12
拉萨	697.3399	69.8822	13
西安	564.7889	67.9892	14
天津	557.3859	67.8835	15
南宁	524.3072	67.4111	16
南昌	523.1812	67.3950	17
合肥	470.5159	66.6429	18
宁波	431.3824	66.0840	19
海口	425.4459	65.9992	20
沈阳	413.6238	65.8304	21
福州	401.5472	65.6579	22
昆明	324.9345	64.5638	23
郑州	319.1687	64.4814	24
哈尔滨	302.0979	64.2376	25
石家庄	285.8107	64.0050	26
大连	278.2062	63.8964	27
济南	269.6383	63.7741	28
太原	264.2045	63.6965	29
银川	229.7708	63.2047	30
兰州	201.1058	62.7953	31
西宁	192.3914	62.6709	32
长春	180.5692	62.5020	33
贵阳	159.7244	62.2043	34
乌鲁木齐	47.7105	60.6046	35
呼和浩特	5.3732	60.0000	36

3.2 城市产品质量

城市产品由三个领域 15 个维度的福利元素构成：①城市公共生活环境的物理特征对应的两个福利要素：宏观环境、城市设计和标志性建筑。②人的空间行为关联的设施和服务对应的八个福利要素：社区基础设施、社区管理与服务、交通系统、休闲和娱乐、餐饮、购物、公共事件、个人职业发展。③对人的空间行为存在显著影响的利益相关者对应的五个福利要素：市政管理和服务、空气质量、政府官员勤政、社会秩序与安全、周围居民素养。城市产品质量就是由上述三个领域的 15 个维度关联的产品基于人们期望基础上的绩效表现。

3.2.1 宏观环境

宏观环境由天然景观、地理位置、城市文化、人文景观四个子变量反映和测量。中国城市在宏观环境上的绩效表现和排名见表 3-2-1，中国城市在上述四个子变量上的绩效表现和排名见表 3-2-2~3-2-5。

表 3-2-1　中国城市在宏观环境上的绩效表现和排名

城市	宏观环境	百分制数值	排名
北京	9311484.9891	100.0000	1
广州	7048080.0789	90.1275	2
上海	6735711.5218	88.7650	3
深圳	5794018.4651	84.6576	4
天津	4681367.0071	79.8044	5
南京	2640630.8457	70.9032	6
杭州	2573006.9255	70.6082	7
西安	2547837.5916	70.4984	8
厦门	1923500.2022	67.7752	9
武汉	1914278.6455	67.7350	10
重庆	1744841.6326	66.9959	11
青岛	1545396.1050	66.1260	12
大连	1509984.3540	65.9715	13
长沙	1409087.4316	65.5314	14
成都	1292871.5387	65.0245	15
郑州	1083111.3845	64.1096	16

城市	宏观环境	百分制数值	排名
福州	1027472.5350	63.8669	17
宁波	966614.1952	63.6015	18
济南	918253.3799	63.3905	19
昆明	895952.8189	63.2932	20
哈尔滨	804510.9114	62.8944	21
沈阳	771551.9816	62.7506	22
合肥	737897.3352	62.6038	23
南宁	679483.5717	62.3491	24
南昌	585593.5977	61.9395	25
兰州	519090.4790	61.6495	26
石家庄	472567.1178	61.4465	27
太原	432851.3672	61.2733	28
长春	426269.1011	61.2446	29
海口	402887.9459	61.1426	30
贵阳	398270.4984	61.1225	31
拉萨	328562.8880	60.8184	32
银川	241667.1396	60.4394	33
西宁	206384.0534	60.2855	34
呼和浩特	192929.2782	60.2268	35
乌鲁木齐	140929.8196	60.0000	36

表 3-2-2　中国城市在天然景观上的绩效表现和排名

城市	天然景观	百分制数值	排名
深圳	29022.2080	100.0000	1
广州	27116.8328	97.3496	2
上海	26395.7366	96.3466	3
杭州	19338.0477	86.5293	4
天津	17070.6329	83.3754	5
北京	15584.7014	81.3084	6
厦门	15101.7410	80.6366	7
重庆	15025.4391	80.5305	8
武汉	13402.7338	78.2733	9

城市	天然景观	百分制数值	排名
西安	13180.1654	77.9637	10
南京	12392.0672	76.8675	11
长沙	12251.0729	76.6714	12
成都	11456.1782	75.5657	13
大连	8672.8778	71.6941	14
宁波	7201.9955	69.6481	15
南宁	6529.4765	68.7126	16
青岛	6235.2455	68.3034	17
郑州	6227.6377	68.2928	18
沈阳	5730.6912	67.6015	19
福州	5326.0570	67.0387	20
昆明	4939.6147	66.5011	21
哈尔滨	3815.8587	64.9380	22
济南	3178.2250	64.0511	23
太原	2752.5379	63.4589	24
合肥	2510.8722	63.1228	25
拉萨	2450.9248	63.0394	26
兰州	2434.0394	63.0159	27
贵阳	2381.1598	62.9423	28
南昌	2124.2335	62.5850	29
长春	1894.5616	62.2655	30
海口	1772.6540	62.0959	31
石家庄	1618.7553	61.8818	32
西宁	848.2963	60.8101	33
乌鲁木齐	610.6447	60.4796	34
银川	385.3383	60.1662	35
呼和浩特	265.8897	60.0000	36

表 3-2-3 中国城市在地理位置上的绩效表现和排名

城市	地理位置	百分制数值	排名
北京	7873125.0700	100.0000	1
广州	6199915.3960	91.3607	2

城市	地理位置	百分制数值	排名
上海	6024733.9260	90.4562	3
深圳	4971854.8450	85.0198	4
天津	4089348.7150	80.4631	5
南京	2289347.5580	71.1691	6
西安	2236698.2840	70.8973	7
杭州	2198678.3050	70.7010	8
武汉	1575697.1880	67.4843	9
厦门	1432070.5350	66.7427	10
重庆	1325279.0450	66.1913	11
青岛	1267608.3510	65.8936	12
大连	1196369.0090	65.5257	13
长沙	1102401.6400	65.0405	14
成都	1091288.2690	64.9832	15
郑州	916689.2294	64.0817	16
福州	790794.8929	63.4316	17
宁波	770229.6474	63.3254	18
济南	758096.2986	63.2628	19
昆明	693938.8858	62.9315	20
合肥	626747.5707	62.5846	21
沈阳	615822.1436	62.5282	22
哈尔滨	577115.1727	62.3283	23
南宁	545350.2634	62.1643	24
南昌	453271.1154	61.6889	25
兰州	450080.8567	61.6724	26
石家庄	393516.3442	61.3803	27
太原	360678.5640	61.2108	28
长春	354381.1893	61.1783	29
贵阳	323296.0326	61.0178	30
海口	310927.5086	60.9539	31
拉萨	241331.7761	60.5946	32
银川	213197.3978	60.4493	33
西宁	182183.0378	60.2892	34

城市	地理位置	百分制数值	排名
呼和浩特	153943.8001	60.1434	35
乌鲁木齐	126180.4562	60.0000	36

表 3-2-4　中国城市在城市文化上的绩效表现和排名

城市	城市文化	百分制数值	排名
北京	1400873.8400	100.0000	1
广州	795740.2441	82.5889	2
深圳	764995.4394	81.7043	3
上海	665086.0508	78.8297	4
天津	566663.4323	75.9979	5
厦门	462431.5006	72.9989	6
重庆	393877.1947	71.0264	7
杭州	346930.2636	69.6757	8
南京	326196.4328	69.0791	9
武汉	311405.2784	68.6535	10
大连	296617.5564	68.2280	11
西安	288046.2848	67.9814	12
长沙	280904.5799	67.7760	13
青岛	263622.8805	67.2787	14
福州	223138.3623	66.1139	15
哈尔滨	216629.5790	65.9266	16
昆明	190465.5228	65.1738	17
成都	184270.9645	64.9956	18
宁波	181701.1629	64.9216	19
济南	149672.3361	64.0001	20
郑州	149099.6838	63.9836	21
沈阳	142624.4991	63.7973	22
南昌	126000.9509	63.3190	23
南宁	117277.1453	63.0680	24
合肥	101242.6804	62.6067	25
海口	81625.5960	62.0422	26
拉萨	77216.9969	61.9154	27

城市	城市文化	百分制数值	排名
石家庄	71530.6636	61.7518	28
贵阳	68686.5062	61.6700	29
长春	64729.1485	61.5561	30
太原	62796.1218	61.5005	31
兰州	60343.6498	61.4299	32
呼和浩特	35411.2305	60.7126	33
银川	23423.7002	60.3676	34
西宁	18191.2590	60.2171	35
乌鲁木齐	10645.9939	60.0000	36

表 3-2-5　中国城市在人文景观上的绩效表现和排名

城市	人文景观	百分制数值	排名
深圳	28145.9727	100.0000	1
广州	25307.6060	95.4289	2
北京	21901.3777	89.9433	3
上海	19495.8084	86.0693	4
厦门	13896.4257	77.0517	5
武汉	13773.4453	76.8536	6
长沙	13530.1388	76.4618	7
南京	12694.7877	75.1165	8
郑州	11094.8336	72.5398	9
重庆	10659.9538	71.8395	10
南宁	10326.6866	71.3027	11
西安	9912.8574	70.6363	12
海口	8562.1872	68.4611	13
大连	8324.9108	68.0790	14
天津	8284.2269	68.0134	15
福州	8213.2229	67.8991	16
杭州	8060.3092	67.6528	17
青岛	7929.6280	67.4424	18
拉萨	7563.1902	66.8522	19
宁波	7481.3895	66.7205	20

城市	人文景观	百分制数值	排名
合肥	7396.2119	66.5833	21
沈阳	7374.6477	66.5486	22
济南	7306.5202	66.4389	23
哈尔滨	6950.3010	65.8652	24
太原	6624.1435	65.3399	25
昆明	6608.7956	65.3152	26
兰州	6231.9331	64.7083	27
石家庄	5901.3547	64.1759	28
成都	5856.1269	64.1031	29
长春	5264.2017	63.1498	30
西宁	5161.4603	62.9843	31
银川	4660.7033	62.1779	32
南昌	4197.2979	61.4316	33
贵阳	3906.7998	60.9638	34
乌鲁木齐	3492.7248	60.2969	35
呼和浩特	3308.3579	60.0000	36

3.2.2 城市设计和标志性建筑

城市设计和标志性建筑由城市整体规划、城市街区规划和标志性建筑三个子变量反映和测量。中国城市在城市设计和标志性建筑上的绩效表现和排名见表3-2-6，中国城市在上述三个子变量上的绩效表现和排名见表3-2-7～3-2-9。

表3-2-6 中国城市在城市设计和标志性建筑上的绩效表现和排名

城市	城市设计和标志性建筑	百分制数值	排名
北京	22175.5359	100.0000	1
天津	6841.0013	72.1329	2
上海	5777.2600	70.1998	3
广州	5117.7128	69.0012	4
南京	4746.3986	68.3264	5
深圳	3935.4611	66.8527	6
成都	2997.7923	65.1487	7

城市	城市设计和标志性建筑	百分制数值	排名
杭州	2861.5238	64.9011	8
长沙	2592.9028	64.4129	9
武汉	2300.8410	63.8821	10
厦门	1835.9529	63.0373	11
重庆	1709.2468	62.8070	12
西安	1687.0579	62.7667	13
合肥	1395.4845	62.2369	14
青岛	1370.9459	62.1923	15
乌鲁木齐	1055.3155	61.6187	16
拉萨	1037.8109	61.5869	17
郑州	1023.7748	61.5614	18
沈阳	973.7565	61.4705	19
海口	968.0610	61.4601	20
昆明	930.9003	61.3926	21
宁波	890.2819	61.3188	22
南宁	796.5561	61.1484	23
兰州	771.0897	61.1022	24
南昌	730.0465	61.0276	25
石家庄	729.5427	61.0267	26
济南	695.9210	60.9656	27
哈尔滨	678.3965	60.9337	28
福州	639.8795	60.8637	29
大连	549.0999	60.6987	30
长春	520.4272	60.6466	31
贵阳	477.6998	60.5690	32
西宁	370.2732	60.3738	33
太原	306.0531	60.2571	34
银川	264.3755	60.1813	35
呼和浩特	164.6046	60.0000	36

表 3-2-7 中国城市在城市整体规划上的绩效表现和排名

城市	城市整体规划	百分制数值	排名
北京	17901.7208	100.0000	1
上海	4962.4817	70.8547	2
天津	3899.6395	68.4606	3
广州	3613.2702	67.8156	4
深圳	2991.2375	66.4145	5
南京	2434.7805	65.1611	6
成都	2397.2534	65.0766	7
杭州	1963.7299	64.1001	8
长沙	1707.8003	63.5236	9
西安	1332.6512	62.6786	10
武汉	1299.6578	62.6042	11
厦门	1211.8516	62.4065	12
合肥	1124.4419	62.2096	13
拉萨	1021.4265	61.9775	14
重庆	1011.8823	61.9560	15
乌鲁木齐	957.7874	61.8342	16
青岛	898.9520	61.7017	17
海口	874.5866	61.6468	18
沈阳	810.7550	61.5030	19
南宁	780.7558	61.4354	20
昆明	688.6985	61.2281	21
石家庄	656.2137	61.1549	22
郑州	650.4502	61.1419	23
宁波	644.3919	61.1283	24
福州	609.3186	61.0493	25
南昌	568.7029	60.9578	26
哈尔滨	551.6651	60.9194	27
济南	529.9880	60.8706	28
长春	486.4734	60.7726	29
大连	440.8257	60.6697	30
贵阳	434.2524	60.6549	31

续表

城市	城市整体规划	百分制数值	排名
西宁	370.2732	60.5108	32
太原	276.8543	60.3004	33
银川	264.3755	60.2723	34
兰州	216.0147	60.1634	35
呼和浩特	143.4868	60.0000	36

表 3-2-8　中国城市在城市街区规划上的绩效表现和排名

城市	城市街区规划	百分制数值	排名
北京	4255.5833	100.0000	1
天津	2859.5746	86.8294	2
南京	2238.4011	80.9690	3
广州	1406.1826	73.1175	4
武汉	963.3292	68.9394	5
深圳	944.2236	68.7592	6
杭州	886.7151	68.2166	7
长沙	885.1026	68.2014	8
上海	797.4376	67.3743	9
重庆	697.3645	66.4302	10
厦门	603.5284	65.5449	11
成都	600.5389	65.5167	12
兰州	555.0750	65.0878	13
青岛	471.9939	64.3039	14
西安	354.4067	63.1946	15
郑州	319.8556	62.8686	16
合肥	271.0426	62.4081	17
宁波	245.8900	62.1708	18
昆明	242.2018	62.1360	19
济南	165.9330	61.4164	20
沈阳	163.0014	61.3888	21
南昌	161.3436	61.3731	22
哈尔滨	126.7314	61.0466	23
大连	108.2741	60.8724	24

城市	城市街区规划	百分制数值	排名
乌鲁木齐	97.5281	60.7711	25
海口	93.4744	60.7328	26
石家庄	73.3290	60.5428	27
贵阳	43.4474	60.2608	28
长春	33.9538	60.1713	29
福州	30.5609	60.1393	30
太原	29.1988	60.1264	31
呼和浩特	21.1177	60.0502	32
拉萨	16.3844	60.0055	33
南宁	15.8003	60.0000	34
银川	0.0000	50.0000	35
西宁	0.0000	50.0000	35

表 3-2-9　中国城市在标志性建筑上的绩效表现和排名

城市	标志性建筑	百分制数值	排名
广州	98.2599	100.0000	1
天津	81.7872	92.4421	2
南京	73.2170	88.5100	3
郑州	53.4689	79.4492	4
武汉	37.8540	72.2849	5
厦门	20.5729	64.3561	6
北京	18.2318	63.2820	7
上海	17.3407	62.8731	8
杭州	11.0787	60.0000	9
深圳	0.0000	50.0000	10
长沙	0.0000	50.0000	10
重庆	0.0000	50.0000	10
成都	0.0000	50.0000	10
兰州	0.0000	50.0000	10
青岛	0.0000	50.0000	10
西安	0.0000	50.0000	10
合肥	0.0000	50.0000	10

城市	标志性建筑	百分制数值	排名
宁波	0.0000	50.0000	10
昆明	0.0000	50.0000	10
济南	0.0000	50.0000	10
沈阳	0.0000	50.0000	10
南昌	0.0000	50.0000	10
哈尔滨	0.0000	50.0000	10
大连	0.0000	50.0000	10
乌鲁木齐	0.0000	50.0000	10
海口	0.0000	50.0000	10
石家庄	0.0000	50.0000	10
贵阳	0.0000	50.0000	10
长春	0.0000	50.0000	10
福州	0.0000	50.0000	10
太原	0.0000	50.0000	10
呼和浩特	0.0000	50.0000	10
拉萨	0.0000	50.0000	10
南宁	0.0000	50.0000	10
银川	0.0000	50.0000	10
西宁	0.0000	50.0000	10

3.2.3 社区基础设施

社区基础设施由社区医疗卫生机构、社区内菜市场、社区内邮政系统、社区内购买日常用品、社区内小孩入托五个子变量反映和测量。中国城市在社区基础设施上的绩效表现和排名见表3-2-10，中国城市在上述五个子变量上的绩效表现和排名见表3-2-11~3-2-15。

表3-2-10 中国城市在社区基础设施上的绩效表现和排名

城市	社区基础设施	百分制数值	排名
广州	14403.8871	100.0000	1
南京	9092.4148	85.1817	2
长沙	9081.5517	85.1514	3

城市	社区基础设施	百分制数值	排名
北京	8640.4688	83.9208	4
杭州	7703.3168	81.3063	5
天津	7465.0343	80.6415	6
深圳	6530.6673	78.0347	7
西安	6481.9903	77.8989	8
上海	6048.4083	76.6893	9
武汉	5766.5199	75.9028	10
成都	5375.8109	74.8128	11
宁波	5171.9298	74.2440	12
厦门	5065.6117	73.9474	13
重庆	4621.7897	72.7092	14
南昌	3718.0576	70.1879	15
郑州	3370.1085	69.2172	16
昆明	3254.0165	68.8933	17
青岛	3231.5884	68.8307	18
合肥	3050.0332	68.3242	19
福州	2199.8141	65.9522	20
大连	1973.6016	65.3211	21
济南	1907.9901	65.1380	22
兰州	1847.1617	64.9683	23
呼和浩特	1729.7695	64.6408	24
海口	1550.8043	64.1415	25
哈尔滨	1506.8260	64.0188	26
沈阳	1393.3151	63.7022	27
贵阳	1324.1706	63.5092	28
石家庄	1193.3657	63.1443	29
银川	968.6127	62.5173	30
长春	909.4785	62.3523	31
太原	884.4277	62.2824	32
南宁	827.0052	62.1222	33
西宁	753.4247	61.9169	34

续表

城市	社区基础设施	百分制数值	排名
拉萨	471.4960	61.1304	35
乌鲁木齐	66.3186	60.0000	36

表 3-2-11　中国城市在社区医疗卫生机构上的绩效表现和排名

城市	社区医疗卫生机构	百分制数值	排名
北京	1625.8364	100.0000	1
武汉	973.2497	83.9102	2
天津	738.2870	78.1171	3
杭州	574.6041	74.0815	4
石家庄	489.1192	71.9738	5
上海	445.2689	70.8927	6
长沙	253.9558	66.1758	7
重庆	245.8848	65.9768	8
福州	231.6069	65.6247	9
青岛	207.0026	65.0181	10
宁波	197.9118	64.7940	11
成都	156.4040	63.7706	12
厦门	118.1907	62.8284	13
西安	111.1656	62.6552	14
济南	69.0067	61.6158	15
郑州	57.4750	61.3315	16
深圳	40.1502	60.9043	17
银川	36.0508	60.8032	18
拉萨	35.5610	60.7912	19
广州	25.6578	60.5470	20
昆明	21.0424	60.4332	21
沈阳	18.3761	60.3675	22
贵阳	13.4991	60.2472	23
哈尔滨	12.5817	60.2246	24
大连	4.7524	60.0316	25
海口	4.4384	60.0238	26
长春	3.4723	60.0000	27

城市	社区医疗卫生机构	百分制数值	排名
南京	0.0000	50.0000	28
南昌	0.0000	50.0000	28
合肥	0.0000	50.0000	28
兰州	0.0000	50.0000	28
呼和浩特	0.0000	50.0000	28
太原	0.0000	50.0000	28
南宁	0.0000	50.0000	28
西宁	0.0000	50.0000	28
乌鲁木齐	0.0000	50.0000	28

表 3-2-12　中国城市在社区内菜市场上的绩效表现和排名

城市	社区内菜市场	百分制数值	排名
南京	7380.8181	100.0000	1
广州	6903.7276	97.4131	2
长沙	4986.9645	87.0198	3
宁波	4049.1075	81.9345	4
天津	4016.7982	81.7593	5
杭州	3825.1492	80.7201	6
成都	3363.6286	78.2176	7
武汉	3221.8884	77.4491	8
西安	2983.7846	76.1580	9
北京	2744.5450	74.8608	10
厦门	2638.0393	74.2833	11
南昌	2572.1401	73.9259	12
昆明	2549.4753	73.8030	13
重庆	2510.6903	73.5927	14
郑州	1703.1358	69.2139	15
合肥	1693.9058	69.1639	16
青岛	1535.4235	68.3045	17
上海	1422.0172	67.6896	18
海口	1120.2003	66.0531	19
大连	1092.5451	65.9031	20

城市	社区内菜市场	百分制数值	排名
兰州	1066.6435	65.7627	21
济南	969.9279	65.2383	22
沈阳	873.9749	64.7180	23
哈尔滨	765.6586	64.1307	24
深圳	762.9695	64.1161	25
福州	762.8038	64.1152	26
南宁	647.5119	63.4900	27
贵阳	642.0672	63.4605	28
银川	375.4048	62.0146	29
太原	374.6795	62.0107	30
呼和浩特	357.4232	61.9171	31
石家庄	213.8686	61.1387	32
长春	147.3111	60.7778	33
拉萨	123.8716	60.6507	34
乌鲁木齐	57.3408	60.2899	35
西宁	3.8673	60.0000	36

表 3-2-13　中国城市在社区内邮政系统上的绩效表现和排名

城市	社区内邮政系统	百分制数值	排名
广州	5675.9010	100.0000	1
北京	3518.7785	84.7943	2
西安	2493.3359	77.5659	3
上海	2226.5214	75.6851	4
杭州	1689.2486	71.8978	5
天津	1680.3097	71.8348	6
深圳	1311.7982	69.2371	7
南京	913.9816	66.4329	8
福州	876.8441	66.1711	9
呼和浩特	861.8971	66.0657	10
青岛	823.4136	65.7945	11
成都	699.9306	64.9240	12
合肥	697.9073	64.9098	13

城市	社区内邮政系统	百分制数值	排名
武汉	664.2617	64.6726	14
郑州	651.5657	64.5831	15
长沙	631.2673	64.4400	16
重庆	571.6748	64.0199	17
大连	553.4458	63.8914	18
贵阳	463.3622	63.2564	19
厦门	415.9785	62.9224	20
济南	394.0930	62.7681	21
兰州	368.3000	62.5863	22
长春	299.3276	62.1001	23
南昌	226.8424	61.5892	24
银川	134.7636	60.9401	25
宁波	130.7991	60.9122	26
昆明	121.1316	60.8440	27
哈尔滨	107.7741	60.7499	28
太原	99.0566	60.6884	29
沈阳	88.1512	60.6115	30
海口	79.5331	60.5508	31
西宁	29.0007	60.1946	32
石家庄	14.1686	60.0900	33
拉萨	9.6726	60.0583	34
乌鲁木齐	8.9778	60.0534	35
南宁	1.3969	60.0000	36

表 3-2-14　中国城市在社区内购买日常用品上的绩效表现和排名

城市	社区内购买日常用品	百分制数值	排名
西宁	720.5567	100.0000	1
上海	664.6124	96.8675	2
哈尔滨	578.3491	92.0372	3
呼和浩特	510.4492	88.2352	4
广州	505.6166	87.9646	5
石家庄	464.7735	85.6777	6

城市	社区内购买日常用品	百分制数值	排名
长春	459.3675	85.3750	7
银川	421.1557	83.2353	8
沈阳	409.5225	82.5840	9
太原	374.2409	80.6084	10
南昌	349.1145	79.2015	11
海口	343.1662	78.8684	12
武汉	334.9817	78.4101	13
济南	330.6636	78.1683	14
兰州	322.1422	77.6912	15
福州	311.5294	77.0969	16
拉萨	302.3908	76.5852	17
大连	283.9633	75.5534	18
青岛	273.3785	74.9607	19
合肥	268.9271	74.7115	20
重庆	251.2262	73.7203	21
深圳	225.9495	72.3050	22
贵阳	205.2421	71.1455	23
长沙	174.2286	69.4089	24
宁波	173.5600	69.3715	25
南京	166.5912	68.9813	26
杭州	159.1572	68.5650	27
昆明	158.0823	68.5048	28
天津	149.2431	68.0099	29
成都	143.2496	67.6743	30
南宁	127.4988	66.7923	31
厦门	102.7648	65.4074	32
北京	47.3879	62.3066	33
西安	26.6753	61.1468	34
郑州	6.1942	60.0000	35
乌鲁木齐	0.0000	50.0000	36

表 3-2-15　中国城市在社区内小孩入托上的绩效表现和排名

城市	社区内小孩入托	百分制数值	排名
深圳	4189.8000	100.0000	1
长沙	3035.1356	88.9732	2
厦门	1790.6383	77.0884	3
杭州	1455.1577	73.8847	4
广州	1292.9841	72.3359	5
上海	1289.9884	72.3073	6
重庆	1042.3134	69.9421	7
成都	1012.5981	69.6583	8
郑州	951.7377	69.0771	9
天津	880.3963	68.3958	10
西安	867.0289	68.2681	11
北京	703.9210	66.7105	12
南京	631.0239	66.0143	13
宁波	620.5514	65.9143	14
武汉	572.1384	65.4520	15
南昌	569.9606	65.4312	16
昆明	404.2850	63.8490	17
青岛	392.3701	63.7352	18
合肥	389.2929	63.7059	19
济南	144.2988	61.3662	20
兰州	90.0760	60.8484	21
南宁	50.5976	60.4714	22
哈尔滨	42.4625	60.3937	23
大连	38.8950	60.3596	24
太原	36.4507	60.3363	25
福州	17.0299	60.1508	26
石家庄	11.4359	60.0974	27
海口	3.4662	60.0213	28
沈阳	3.2904	60.0196	29
银川	1.2378	60.0000	30
西宁	0.0000	50.0000	31

城市	社区内小孩入托	百分制数值	排名
呼和浩特	0.0000	50.0000	31
长春	0.0000	50.0000	31
拉萨	0.0000	50.0000	31
贵阳	0.0000	50.0000	31
乌鲁木齐	0.0000	50.0000	31

3.2.4　社区管理与服务

社区管理与服务由社区公共活动空间、社区车辆管理、社区清洁管理、社区安全管理四个子变量反映和测量。中国城市在社区管理与服务上的绩效表现和排名见表3-2-16，中国城市在社区公共活动空间、社区车辆管理、社区清洁管理、社区安全管理四个子变量上的绩效表现和排名见表3-2-17~3-2-20。

表3-2-16　中国城市在社区管理与服务上的绩效表现和排名

城市	社区管理与服务	百分制数值	排名
广州	1243.8692	100.0000	1
郑州	1064.0339	94.1328	2
北京	998.0022	91.9785	3
杭州	946.6399	90.3027	4
成都	872.7625	87.8924	5
深圳	809.2918	85.8217	6
上海	714.5364	82.7302	7
武汉	698.7727	82.2159	8
厦门	632.0932	80.0405	9
西安	562.2408	77.7615	10
天津	531.5406	76.7599	11
南京	529.9290	76.7073	12
重庆	507.6692	75.9811	13
青岛	475.5976	74.9347	14
长沙	473.2035	74.8566	15
昆明	430.1746	73.4528	16
兰州	427.3216	73.3597	17

续表

城市	社区管理与服务	百分制数值	排名
哈尔滨	421.5849	73.1725	18
大连	397.6142	72.3905	19
福州	380.9912	71.8482	20
合肥	376.1779	71.6911	21
南宁	331.4986	70.2334	22
贵阳	330.5123	70.2013	23
西宁	328.2615	70.1278	24
济南	327.8688	70.1150	25
海口	310.2452	69.5400	26
石家庄	289.1585	68.8521	27
南昌	287.3405	68.7928	28
银川	273.4469	68.3395	29
拉萨	241.4628	67.2960	30
沈阳	81.5771	62.0796	31
呼和浩特	71.7971	61.7605	32
宁波	71.1485	61.7394	33
太原	24.4832	60.2169	34
长春	17.8350	60.0000	35
乌鲁木齐	0.0000	50.0000	36

表 3-2-17　中国城市在社区公共活动空间上的绩效表现和排名

城市	社区公共活动空间	百分制数值	排名
广州	805.5966	100.0000	1
成都	557.9637	87.4260	2
杭州	517.9650	85.3950	3
北京	495.8137	84.2702	4
上海	445.2893	81.7048	5
深圳	438.4604	81.3580	6
厦门	375.7052	78.1715	7
武汉	334.6459	76.0866	8
南昌	241.7252	71.3684	9
西安	240.8026	71.3216	10

续表

城市	社区公共活动空间	百分制数值	排名
重庆	236.8007	71.1184	11
青岛	229.9877	70.7724	12
南京	221.2119	70.3268	13
天津	212.6592	69.8925	14
长沙	207.6796	69.6397	15
郑州	203.0981	69.4071	16
哈尔滨	178.4890	68.1575	17
大连	168.3744	67.6439	18
昆明	168.1421	67.6321	19
合肥	149.1027	66.6654	20
贵阳	123.0992	65.3450	21
兰州	106.4276	64.4984	22
南宁	103.6609	64.3580	23
济南	100.4561	64.1952	24
西宁	98.5337	64.0976	25
福州	97.5871	64.0496	26
海口	93.2688	63.8303	27
石家庄	89.1535	63.6213	28
拉萨	82.1470	63.2656	29
银川	73.4725	62.8251	30
呼和浩特	33.7221	60.8067	31
沈阳	32.2804	60.7335	32
宁波	25.6483	60.3967	33
太原	24.4832	60.3376	34
长春	17.8350	60.0000	35
乌鲁木齐	0.0000	50.0000	36

表 3—2—18　中国城市在社区车辆管理上的绩效表现和排名

城市	社区车辆管理	百分制数值	排名
福州	52.8655	100.0000	1
北京	52.5430	99.7310	2

续表

城市	社区车辆管理	百分制数值	排名
成都	52.4960	99.6917	3
武汉	51.3078	98.7006	4
南昌	45.6153	93.9520	5
郑州	43.9162	92.5346	6
呼和浩特	34.8960	85.0101	7
西宁	31.0045	81.7638	8
上海	8.4158	62.9206	9
深圳	8.3051	62.8283	10
西安	8.2587	62.7895	11
天津	4.9147	60.0000	12
广州	0.0000	50.0000	13
杭州	0.0000	50.0000	13
厦门	0.0000	50.0000	13
重庆	0.0000	50.0000	13
青岛	0.0000	50.0000	13
南京	0.0000	50.0000	13
长沙	0.0000	50.0000	13
哈尔滨	0.0000	50.0000	13
大连	0.0000	50.0000	13
昆明	0.0000	50.0000	13
合肥	0.0000	50.0000	13
贵阳	0.0000	50.0000	13
兰州	0.0000	50.0000	13
南宁	0.0000	50.0000	13
济南	0.0000	50.0000	13
海口	0.0000	50.0000	13
石家庄	0.0000	50.0000	13
拉萨	0.0000	50.0000	13
银川	0.0000	50.0000	13
沈阳	0.0000	50.0000	13
宁波	0.0000	50.0000	13
太原	0.0000	50.0000	13

城市	社区车辆管理	百分制数值	排名
长春	0.0000	50.0000	13
乌鲁木齐	0.0000	50.0000	13

表 3-2-19　中国城市在社区清洁管理上的绩效表现和排名

城市	社区清洁管理	百分制数值	排名
郑州	817.0195	100.0000	1
广州	438.2726	81.3847	2
杭州	424.5595	80.7107	3
北京	382.7391	78.6553	4
兰州	320.8940	75.6156	5
西安	297.2653	74.4542	6
天津	289.0936	74.0526	7
武汉	282.8158	73.7441	8
南京	277.4833	73.4820	9
长沙	265.5239	72.8942	10
昆明	262.0325	72.7226	11
厦门	256.3880	72.4451	12
青岛	245.6099	71.9154	13
哈尔滨	243.0959	71.7918	14
重庆	242.5037	71.7627	15
福州	230.5386	71.1747	16
大连	229.2398	71.1108	17
南宁	227.8377	71.0419	18
济南	227.4127	71.0210	19
合肥	227.0752	71.0044	20
成都	225.1668	70.9106	21
海口	216.9764	70.5081	22
贵阳	207.4132	70.0380	23
石家庄	200.0050	69.6739	24
银川	199.9744	69.6724	25
西宁	198.7233	69.6109	26
深圳	198.6166	69.6057	27

城市	社区清洁管理	百分制数值	排名
拉萨	159.3159	67.6741	28
上海	127.8684	66.1284	29
宁波	45.5002	62.0801	30
呼和浩特	3.1790	60.0000	31
沈阳	0.0000	50.0000	32
南昌	0.0000	50.0000	32
太原	0.0000	50.0000	32
长春	0.0000	50.0000	32
乌鲁木齐	0.0000	50.0000	32

表 3-2-20 中国城市在社区安全管理上的绩效表现和排名

城市	社区安全管理	百分制数值	排名
深圳	163.9097	100.0000	1
上海	132.9629	92.2533	2
北京	66.9065	75.7180	3
沈阳	49.2966	71.3099	4
成都	37.1360	68.2658	5
南京	31.2338	66.7883	6
武汉	30.0032	66.4803	7
重庆	28.3649	66.0702	8
天津	24.8731	65.1961	9
西安	15.9142	62.9535	10
杭州	4.1153	60.0000	11
郑州	0.0000	50.0000	12
广州	0.0000	50.0000	12
兰州	0.0000	50.0000	12
长沙	0.0000	50.0000	12
昆明	0.0000	50.0000	12
厦门	0.0000	50.0000	12
青岛	0.0000	50.0000	12
哈尔滨	0.0000	50.0000	12
福州	0.0000	50.0000	12

城市	社区安全管理	百分制数值	排名
大连	0.0000	50.0000	12
南宁	0.0000	50.0000	12
济南	0.0000	50.0000	12
合肥	0.0000	50.0000	12
海口	0.0000	50.0000	12
贵阳	0.0000	50.0000	12
石家庄	0.0000	50.0000	12
银川	0.0000	50.0000	12
西宁	0.0000	50.0000	12
拉萨	0.0000	50.0000	12
宁波	0.0000	50.0000	12
呼和浩特	0.0000	50.0000	12
南昌	0.0000	50.0000	12
太原	0.0000	50.0000	12
长春	0.0000	50.0000	12
乌鲁木齐	0.0000	50.0000	12

3.2.5 交通系统

交通系统由城市道路（主干道）、公共交通线路（公交车、地铁）、自驾车在城区指定范围的停车管理（自驾车、停车、停车场）三个子变量反映和测量。此处的主干道，主要测量的是主干道通畅、运行有序、交警尽责、不拥堵、事故少、道路宽敞、不被挤占等。公交车和地铁，主要测量的是线路设计合理和完善、线路上的站点安排合理、收费合理、准点、通畅、车次多、服务好、安全。这里的自驾车主要测量的是自驾车在城区停车方便；停车主要测量的是有停车位；停车场主要测量的是收费合理、缴费方便、安全、管理有序。

中国城市在交通系统上的绩效表现和排名见表3-2-21；中国城市在城市道路（主干道）、公共交通线路（公交车、地铁）、自驾车在城区指定范围的停车管理（自驾车、停车、停车场）三个子变量以及子变量下的细分变量上的绩效表现和排名见表3-2-22~3-2-30。

表 3-2-21　中国城市在交通系统上的绩效表现和排名

城市	交通系统	百分制数值	排名
北京	227107.7426	100.0000	1
广州	206011.2138	96.2519	2
杭州	144156.6737	85.2627	3
南京	137552.9662	84.0895	4
上海	130432.9786	82.8245	5
天津	119366.9097	80.8585	6
西安	89882.7406	75.6202	7
成都	87912.5911	75.2702	8
重庆	82707.8127	74.3455	9
深圳	82448.2850	74.2994	10
武汉	82369.3336	74.2854	11
厦门	69449.2701	71.9900	12
郑州	53216.9565	69.1061	13
青岛	45176.5117	67.6776	14
福州	44509.6854	67.5591	15
南宁	34069.8450	65.7044	16
哈尔滨	31607.1746	65.2668	17
昆明	29752.9530	64.9374	18
长沙	29663.4049	64.9215	19
石家庄	28355.0443	64.6890	20
太原	26784.2682	64.4100	21
宁波	26392.9326	64.3405	22
呼和浩特	22855.8899	63.7120	23
兰州	21068.8062	63.3946	24
贵阳	20570.6476	63.3060	25
合肥	20208.4690	63.2417	26
南昌	20111.8867	63.2245	27
大连	17403.2095	62.7433	28
沈阳	14936.0524	62.3050	29
济南	14495.0453	62.2266	30
长春	13295.1743	62.0135	31

城市	交通系统	百分制数值	排名
拉萨	10007.0156	61.4293	32
海口	9106.1952	61.2692	33
银川	8726.1843	61.2017	34
西宁	5726.4263	60.6688	35
乌鲁木齐	1962.0946	60.0000	36

表 3-2-22　中国城市在城市道路上的绩效表现和排名

城市	城市道路	百分制数值	排名
北京	1772.8737	100.0000	1
贵阳	972.1033	81.8999	2
西宁	850.8037	79.1581	3
拉萨	599.9141	73.4872	4
石家庄	468.3487	70.5134	5
青岛	432.7446	69.7086	6
厦门	408.2192	69.1542	7
宁波	360.9622	68.0861	8
郑州	358.3584	68.0272	9
太原	340.7689	67.6296	10
大连	334.4605	67.4871	11
合肥	332.3421	67.4392	12
西安	325.0613	67.2746	13
长春	323.5313	67.2400	14
长沙	322.7763	67.2230	15
天津	304.1219	66.8013	16
福州	288.5224	66.4487	17
昆明	275.5456	66.1554	18
南宁	271.2705	66.0588	19
海口	262.6521	65.8639	20
哈尔滨	255.3687	65.6993	21
广州	241.7912	65.3924	22
南昌	224.2842	64.9967	23
成都	219.3725	64.8857	24

城市	城市道路	百分制数值	排名
兰州	197.0135	64.3803	25
深圳	173.6141	63.8514	26
杭州	152.7276	63.3793	27
重庆	131.6339	62.9025	28
上海	103.3076	62.2622	29
武汉	70.5981	61.5229	30
济南	65.5449	61.4087	31
南京	63.3598	61.3593	32
沈阳	52.6970	61.1183	33
呼和浩特	45.3550	60.9523	34
银川	3.2238	60.0000	35
乌鲁木齐	0.0000	50.0000	36

表 3-2-23　中国城市在城市道路（主干道）上的绩效表现和排名

城市	主干道	百分制数值	排名
石家庄	425.2675	100.0000	1
宁波	360.9622	93.9053	2
合肥	318.9704	89.9255	3
长沙	318.5471	89.8854	4
西安	317.6398	89.7994	5
厦门	316.5844	89.6994	6
青岛	316.1519	89.6584	7
福州	285.5573	86.7587	8
郑州	276.6606	85.9155	9
昆明	271.8971	85.4640	10
大连	270.0622	85.2901	11
南宁	267.6419	85.0607	12
太原	264.8363	84.7948	13
海口	255.3557	83.8963	14
拉萨	249.0960	83.3030	15
长春	248.6767	83.2633	16
成都	219.3725	80.4859	17

续表

城市	主干道	百分制数值	排名
哈尔滨	200.3564	78.6836	18
南昌	199.2007	78.5741	19
兰州	197.0135	78.3668	20
贵阳	193.1493	78.0005	21
天津	192.3549	77.9253	22
深圳	172.3726	76.0314	23
上海	103.3076	69.4856	24
北京	93.6923	68.5743	25
南京	52.2822	64.6496	26
杭州	29.9960	62.5374	27
武汉	16.6428	61.2718	28
广州	11.7716	60.8101	29
重庆	11.4673	60.7813	30
银川	3.2238	60.0000	31
西宁	0.0000	50.0000	32
济南	0.0000	50.0000	32
沈阳	0.0000	50.0000	32
呼和浩特	0.0000	50.0000	32
乌鲁木齐	0.0000	50.0000	32

表 3-2-24　中国城市在公共交通线路上的绩效表现和排名

城市	公共交通线路	百分制数值	排名
广州	161474.3384	100.0000	1
北京	113926.4695	88.1721	2
杭州	103492.5037	85.5765	3
南京	102824.1695	85.4103	4
天津	64881.4988	75.9717	5
西安	52115.5853	72.7961	6
成都	51011.0323	72.5213	7
武汉	49199.4293	72.0706	8
上海	47790.5827	71.7202	9
重庆	45057.0600	71.0402	10

城市	公共交通线路	百分制数值	排名
深圳	38749.8751	69.4712	11
郑州	31830.6935	67.7500	12
青岛	29318.9796	67.1252	13
厦门	27102.2375	66.5738	14
福州	23312.9301	65.6312	15
昆明	16528.8010	63.9435	16
哈尔滨	13839.6801	63.2746	17
长沙	12951.7468	63.0537	18
石家庄	12882.9097	63.0366	19
宁波	10550.1567	62.4563	20
呼和浩特	8516.5584	61.9504	21
大连	8273.7934	61.8900	22
沈阳	8052.4330	61.8350	23
南昌	7932.5826	61.8052	24
济南	7418.9902	61.6774	25
贵阳	7377.7052	61.6671	26
太原	7041.2370	61.5834	27
合肥	5521.0667	61.2053	28
南宁	4688.4375	60.9982	29
兰州	4538.6588	60.9609	30
长春	3509.8181	60.7050	31
海口	2289.2690	60.4013	32
银川	1936.9716	60.3137	33
西宁	1729.6919	60.2621	34
拉萨	1052.3776	60.0936	35
乌鲁木齐	675.9108	60.0000	36

表 3-2-25 中国城市在公共交通线路（公交车）上的绩效表现和排名

城市	公交车	百分制数值	排名
北京	43166.9149	100.0000	1
广州	25399.2795	83.3921	2
南京	22039.6707	80.2517	3

续表

城市	公交车	百分制数值	排名
杭州	14733.8600	73.4228	4
上海	11466.3807	70.3686	5
成都	9230.2639	68.2784	6
深圳	8868.8334	67.9406	7
西安	8567.7313	67.6591	8
武汉	7128.2371	66.3136	9
天津	6461.5937	65.6905	10
重庆	6415.5718	65.6474	11
宁波	6299.6917	65.5391	12
厦门	6275.1616	65.5162	13
石家庄	5950.8458	65.2131	14
哈尔滨	5603.1414	64.8880	15
青岛	3906.2538	63.3019	16
济南	3802.5794	63.2050	17
郑州	3480.5218	62.9040	18
呼和浩特	3004.4383	62.4590	19
兰州	2546.9399	62.0313	20
福州	2348.7970	61.8461	21
合肥	2224.4788	61.7299	22
长沙	1823.1888	61.3548	23
长春	1655.7977	61.1983	24
南昌	1607.0170	61.1528	25
昆明	1518.1085	61.0696	26
海口	1433.4703	60.9905	27
南宁	1307.4173	60.8727	28
贵阳	1243.1170	60.8126	29
沈阳	1236.7937	60.8067	30
太原	1218.1184	60.7892	31
大连	1210.8915	60.7825	32
银川	879.0247	60.4723	33
拉萨	775.1784	60.3752	34

城市	公交车	百分制数值	排名
西宁	720.0805	60.3237	35
乌鲁木齐	373.7693	60.0000	36

表 3-2-26 中国城市在公共交通线路（地铁）上的绩效表现和排名

城市	地铁	百分制数值	排名
广州	136075.0589	100.0000	1
杭州	88758.6437	86.0627	2
南京	80784.4988	83.7139	3
北京	70759.5546	80.7610	4
天津	58419.9051	77.1263	5
西安	43547.8540	72.7456	6
武汉	42071.1921	72.3106	7
成都	41780.7685	72.2251	8
重庆	38626.6519	71.2960	9
上海	36324.2020	70.6178	10
深圳	29881.0417	68.7200	11
郑州	28350.1716	68.2690	12
青岛	25412.7258	67.4038	13
福州	20964.1332	66.0934	14
厦门	20827.0759	66.0531	15
昆明	15010.6925	64.3398	16
长沙	11128.5580	63.1963	17
哈尔滨	8236.5387	62.3445	18
大连	7062.9019	61.9988	19
石家庄	6932.0639	61.9602	20
沈阳	6815.6393	61.9259	21
南昌	6325.5656	61.7816	22
贵阳	6134.5882	61.7253	23
太原	5823.1186	61.6336	24
呼和浩特	5512.1200	61.5420	25
宁波	4250.4650	61.1703	26
济南	3616.4108	60.9836	27

城市	地铁	百分制数值	排名
南宁	3381.0202	60.9142	28
合肥	3296.5880	60.8894	29
兰州	1991.7189	60.5050	30
长春	1854.0204	60.4645	31
银川	1057.9469	60.2300	32
西宁	1009.6115	60.2157	33
海口	855.7987	60.1704	34
乌鲁木齐	302.1415	60.0073	35
拉萨	277.1992	60.0000	36

表 3-2-27　中国城市在自驾车在城区指定范围的停车管理上的绩效表现和排名

城市	自驾车在城区指定范围的停车管理	百分制数值	排名
北京	111408.3994	100.0000	1
上海	82539.0883	89.5137	2
天津	54181.2891	79.2132	3
广州	44295.0841	75.6222	4
深圳	43524.7958	75.3424	5
厦门	41938.8133	74.7664	6
杭州	40511.4424	74.2479	7
重庆	37519.1189	73.1610	8
西安	37442.0941	73.1330	9
成都	36682.1863	72.8570	10
南京	34665.4368	72.1244	11
武汉	33099.3062	71.5556	12
南宁	29110.1370	70.1066	13
郑州	21027.9046	67.1708	14
福州	20908.2329	67.1274	15
太原	19402.2623	66.5804	16
哈尔滨	17512.1257	65.8938	17
长沙	16388.8818	65.4858	18
兰州	16333.1339	65.4655	19
宁波	15481.8137	65.1563	20

续表

城市	自驾车在城区指定范围的停车管理	百分制数值	排名
青岛	15424.7874	65.1356	21
石家庄	15003.7859	64.9827	22
合肥	14355.0602	64.7470	23
呼和浩特	14293.9766	64.7249	24
昆明	12948.6064	64.2362	25
贵阳	12220.8390	63.9718	26
南昌	11955.0199	63.8753	27
长春	9461.8249	62.9697	28
大连	8794.9557	62.7274	29
拉萨	8354.7240	62.5675	30
济南	7010.5102	62.0793	31
沈阳	6830.9224	62.0140	32
银川	6785.9889	61.9977	33
海口	6554.2741	61.9135	34
西宁	3145.9306	60.6755	35
乌鲁木齐	1286.1838	60.0000	36

表 3-2-28 中国城市在自驾车在城区指定范围的停车管理（自驾车）上的绩效表现和排名

城市	自驾车	百分制数值	排名
太原	2583.6049	100.0000	1
广州	1258.8770	79.4862	2
南宁	911.1513	74.1015	3
石家庄	839.9777	72.9994	4
厦门	794.4652	72.2946	5
福州	698.2498	70.8047	6
拉萨	651.3949	70.0791	7
大连	576.6791	68.9221	8
兰州	569.8023	68.8156	9
北京	489.1384	67.5665	10
长沙	316.8755	64.8990	11
上海	307.6415	64.7560	12
哈尔滨	303.0908	64.6855	13

城市	自驾车	百分制数值	排名
深圳	290.6224	64.4925	14
成都	235.1275	63.6331	15
重庆	164.4531	62.5387	16
西安	146.4613	62.2601	17
杭州	115.6568	61.7831	18
长春	110.7573	61.7072	19
武汉	87.3046	61.3440	20
南昌	86.1734	61.3265	21
青岛	85.6703	61.3187	22
合肥	79.9219	61.2297	23
昆明	63.0815	60.9689	24
济南	57.0064	60.8748	25
贵阳	55.1405	60.8459	26
宁波	41.9941	60.6424	27
乌鲁木齐	41.7359	60.6384	28
南京	30.6184	60.4662	29
天津	23.5755	60.3571	30
沈阳	21.3124	60.3221	31
银川	17.5568	60.2639	32
郑州	15.0062	60.2244	33
呼和浩特	14.7549	60.2206	34
西宁	1.6801	60.0181	35
海口	0.5119	60.0000	36

表3-2-29　中国城市在自驾车在城区指定范围的停车管理（停车）上的绩效表现和排名

城市	停车	百分制数值	排名
北京	84322.1619	100.0000	1
上海	60956.6311	88.7818	2
天津	39265.2643	78.3673	3
深圳	34412.8412	76.0376	4
广州	33547.6016	75.6222	5
杭州	32161.0034	74.9564	6

城市	停车	百分制数值	排名
厦门	31304.6034	74.5452	7
重庆	28986.5850	73.4323	8
西安	28116.9420	73.0148	9
南京	27799.0341	72.8622	10
成都	26823.3908	72.3937	11
南宁	26075.5173	72.0347	12
武汉	25851.1859	71.9270	13
福州	17466.6418	67.9014	14
郑州	17358.0957	67.8493	15
哈尔滨	15337.6201	66.8792	16
长沙	14028.6500	66.2507	17
太原	13700.6336	66.0932	18
宁波	13509.2973	66.0014	19
青岛	13124.4646	65.8166	20
呼和浩特	13012.5099	65.7629	21
合肥	12882.5539	65.7005	22
兰州	12786.0593	65.6541	23
石家庄	11938.5096	65.2472	24
昆明	11799.1075	65.1803	25
贵阳	10527.4705	64.5697	26
南昌	9292.9817	63.9770	27
长春	8180.3827	63.4429	28
大连	7455.8239	63.0950	29
拉萨	7311.3462	63.0256	30
海口	6004.1264	62.3980	31
济南	5836.0144	62.3173	32
银川	5792.8193	62.2965	33
沈阳	5128.2870	61.9775	34
西宁	2723.8147	60.8231	35
乌鲁木齐	1009.5419	60.0000	36

表3-2-30　中国城市在自驾车在城区指定范围的停车管理（停车场）上的绩效表现和排名

城市	停车场	百分制数值	排名
北京	26597.0991	100.0000	1
上海	21274.8157	91.9244	2
天津	14892.4493	82.2402	3
厦门	9839.7448	74.5737	4
成都	9623.6680	74.2458	5
广州	9488.6055	74.0409	6
西安	9178.6908	73.5706	7
深圳	8821.3322	73.0284	8
重庆	8368.0808	72.3407	9
杭州	8234.7822	72.1384	10
武汉	7160.8157	70.5089	11
南京	6835.7843	70.0157	12
郑州	3654.8027	65.1891	13
太原	3118.0238	64.3746	14
兰州	2977.2723	64.1611	15
福州	2743.3414	63.8061	16
南昌	2575.8648	63.5520	17
石家庄	2225.2987	63.0201	18
青岛	2214.6525	63.0039	19
南宁	2123.4684	62.8656	20
长沙	2043.3563	62.7440	21
宁波	1930.5224	62.5728	22
哈尔滨	1871.4148	62.4831	23
沈阳	1681.3231	62.1947	24
贵阳	1638.2281	62.1293	25
合肥	1392.5844	61.7566	26
呼和浩特	1266.7118	61.5656	27
长春	1170.6848	61.4199	28
济南	1117.4894	61.3392	29
昆明	1086.4174	61.2920	30
银川	975.6128	61.1239	31

城市	停车场	百分制数值	排名
大连	762.4527	60.8005	32
海口	549.6359	60.4775	33
西宁	420.4358	60.2815	34
拉萨	391.9828	60.2383	35
乌鲁木齐	234.9060	60.0000	36

3.2.6 休闲和娱乐

中国城市在休闲和娱乐上的绩效表现和排名见表3-2-31。

表3-2-31 中国城市在休闲和娱乐上的绩效表现和排名

城市	休闲和娱乐	百分制数值	排名
北京	671865.5477	100.0000	1
广州	598294.7043	95.5686	2
上海	538720.2157	91.9803	3
杭州	471592.0019	87.9370	4
深圳	427353.1216	85.2724	5
南京	358598.5337	81.1312	6
成都	315059.9116	78.5087	7
长沙	286292.8940	76.7760	8
武汉	283948.4952	76.6348	9
厦门	281159.2668	76.4668	10
重庆	276248.8014	76.1710	11
天津	268680.0512	75.7151	12
西安	261741.0574	75.2972	13
青岛	247024.4640	74.4108	14
大连	216607.5514	72.5787	15
昆明	176709.9016	70.1756	16
郑州	170811.7458	69.8203	17
贵阳	147187.7024	68.3974	18
合肥	134910.0398	67.6578	19
南宁	131609.5768	67.4590	20

续表

城市	休闲和娱乐	百分制数值	排名
哈尔滨	119692.2556	66.7412	21
济南	114804.3865	66.4468	22
福州	113343.3003	66.3588	23
海口	110390.0294	66.1809	24
兰州	103223.8139	65.7493	25
石家庄	102518.1296	65.7068	26
银川	79790.8488	64.3379	27
沈阳	79014.9176	64.2911	28
拉萨	75749.5378	64.0945	29
宁波	72925.6230	63.9244	30
西宁	71977.3378	63.8673	31
南昌	67946.3774	63.6245	32
长春	66178.5665	63.5180	33
太原	53922.2117	62.7797	34
呼和浩特	34741.2353	61.6244	35
乌鲁木齐	7771.9142	60.0000	36

3.2.7　餐饮

中国城市在餐饮上的绩效表现和排名见表 3—2—32。

表 3—2—32　中国城市在餐饮上的绩效表现和排名

城市	餐饮	百分制数值	排名
北京	398154.0142	100.0000	1
上海	296802.5392	89.7253	2
深圳	197393.9935	79.6475	3
广州	193295.5098	79.2320	4
南京	140322.2623	73.8617	5
杭州	116118.4960	71.4080	6
天津	106555.3181	70.4385	7
厦门	96567.7156	69.4260	8

续表

城市	餐饮	百分制数值	排名
成都	88340.7429	68.5920	9
武汉	86632.7184	68.4188	10
重庆	79277.8423	67.6732	11
西安	64007.6820	66.1251	12
长沙	60698.7098	65.7897	13
大连	36125.0485	63.2985	14
青岛	32254.4626	62.9061	15
海口	24297.7207	62.0994	16
哈尔滨	23461.0481	62.0146	17
福州	23199.2838	61.9881	18
郑州	21736.5845	61.8398	19
宁波	21701.3180	61.8362	20
南宁	20922.4931	61.7573	21
贵阳	20426.9381	61.7070	22
昆明	19246.2724	61.5873	23
兰州	17411.5920	61.4014	24
合肥	15333.0925	61.1906	25
济南	14939.5441	61.1507	26
沈阳	14844.9620	61.1412	27
南昌	11728.2371	60.8252	28
呼和浩特	10418.2447	60.6924	29
长春	8805.8291	60.5289	30
太原	8549.2080	60.5029	31
西宁	7665.4712	60.4133	32
拉萨	6726.1244	60.3181	33
石家庄	6498.5023	60.2950	34
乌鲁木齐	6183.0293	60.2630	35
银川	3588.4563	60.0000	36

3.2.8　购物

中国城市在购物上的绩效表现和排名见表 3-2-33。

表 3-2-33　**中国城市在购物上的绩效表现和排名**

城市	购物	百分制数值	排名
上海	1261.2757	100.0000	1
广州	1249.7909	99.5388	2
深圳	967.9169	88.2196	3
青岛	936.0982	86.9419	4
昆明	769.3318	80.2450	5
福州	672.1932	76.3443	6
南宁	650.3054	75.4653	7
海口	628.8902	74.6053	8
拉萨	603.5778	73.5889	9
天津	601.0034	73.4855	10
宁波	580.9646	72.6808	11
哈尔滨	552.6105	71.5422	12
长春	547.4567	71.3352	13
西宁	543.3649	71.1709	14
贵阳	539.6740	71.0227	15
沈阳	528.6877	70.5815	16
西安	503.8178	69.5828	17
银川	490.6961	69.0559	18
武汉	488.3014	68.9597	19
南昌	468.1673	68.1512	20
兰州	459.4925	67.8029	21
呼和浩特	454.7575	67.6127	22
济南	450.3601	67.4361	23
成都	449.8721	67.4165	24
石家庄	440.6677	67.0469	25
北京	436.1260	66.8645	26
厦门	416.3655	66.0710	27
大连	348.1622	63.3322	28

城市	购物	百分制数值	排名
合肥	318.1326	62.1263	29
杭州	302.5437	61.5003	30
重庆	288.0176	60.9169	31
长沙	283.7036	60.7437	32
南京	276.8405	60.4681	33
郑州	271.7445	60.2635	34
太原	265.1835	60.0000	35
乌鲁木齐	0.0000	50.0000	36

3.2.9 公共事件

中国城市在公共事件上的绩效表现和排名见表 3-2-34。

表 3-2-34 中国城市在公共事件上的绩效表现和排名

城市	公共事件	百分制数值	排名
上海	29961.3610	100.0000	1
北京	25545.2738	94.0809	2
广州	21673.1870	88.8910	3
深圳	19610.0729	86.1257	4
哈尔滨	12786.6973	76.9800	5
杭州	12041.9935	75.9819	6
天津	10711.3423	74.1983	7
南京	9103.3029	72.0430	8
重庆	7927.3050	70.4668	9
武汉	6896.9131	69.0857	10
西安	6638.6954	68.7396	11
长沙	5027.3471	66.5798	12
厦门	4554.4740	65.9460	13
成都	4523.4599	65.9044	14
郑州	4082.5838	65.3135	15
大连	3677.1005	64.7700	16
青岛	3372.6132	64.3619	17

城市	公共事件	百分制数值	排名
沈阳	3101.3400	63.9983	18
济南	3079.6940	63.9693	19
昆明	2959.3469	63.8080	20
宁波	2779.3673	63.5667	21
福州	1803.6522	62.2589	22
南宁	1466.0998	61.8065	23
合肥	1315.8312	61.6051	24
兰州	1114.2500	61.3349	25
南昌	920.8608	61.0757	26
贵阳	834.5230	60.9600	27
海口	826.0000	60.9486	28
长春	808.6278	60.9253	29
石家庄	795.3683	60.9075	30
呼和浩特	736.5012	60.8286	31
太原	735.2838	60.8270	32
乌鲁木齐	373.4193	60.3419	33
西宁	295.7591	60.2378	34
拉萨	129.8967	60.0155	35
银川	118.3091	60.0000	36

3.2.10　个人职业发展

中国城市在个人职业发展上的绩效表现和排名见表 3-2-35。

表 3-2-35　中国城市在个人职业发展上的绩效表现和排名

城市	个人职业发展	百分制数值	排名
北京	58366.6745	100.0000	1
广州	47985.0852	92.8521	2
上海	34743.0117	83.7347	3
杭州	23796.8868	76.1981	4
深圳	18700.5289	72.6892	5
天津	17396.3876	71.7913	6

城市	个人职业发展	百分制数值	排名
武汉	14843.8623	70.0338	7
南京	12469.7635	68.3992	8
西安	12319.4147	68.2957	9
重庆	10984.2926	67.3764	10
长沙	10309.6861	66.9119	11
成都	8730.7511	65.8248	12
青岛	7812.6350	65.1927	13
厦门	7525.5278	64.9950	14
大连	6699.3289	64.4262	15
哈尔滨	5999.8322	63.9445	16
济南	5758.3985	63.7783	17
长春	5391.5475	63.5257	18
沈阳	5210.5024	63.4011	19
福州	5029.5235	63.2765	20
郑州	5008.2705	63.2618	21
宁波	4673.0542	63.0310	22
昆明	4612.4466	62.9893	23
南宁	4185.1913	62.6951	24
合肥	4139.5493	62.6637	25
兰州	3718.5097	62.3738	26
石家庄	3335.3995	62.1100	27
拉萨	3095.7739	61.9450	28
贵阳	2476.0971	61.5184	29
海口	2204.7885	61.3316	30
太原	2165.5913	61.3046	31
南昌	2024.1549	61.2072	32
西宁	1579.1273	60.9008	33
银川	1324.9936	60.7258	34
呼和浩特	745.3386	60.3267	35
乌鲁木齐	270.7962	60.0000	36

3.2.11　市政管理和服务

市政管理和服务由公共厕所、基础教育、城市绿化、公园分布、关怀弱势群体五个子变量反映和测量。中国城市在市政管理和服务上的绩效表现和排名见表3-2-36，中国城市在公共厕所、基础教育、城市绿化、公园分布、关怀弱势群体五个子变量上的绩效表现和排名分别见表3-2-37～3-2-41。

表3-2-36　中国城市在市政管理和服务上的绩效表现和排名

城市	市政管理和服务	百分制数值	排名
北京	856399.3178	100.0000	1
上海	772311.3739	96.0153	2
深圳	629576.4665	89.2514	3
广州	488227.0701	82.5532	4
武汉	371512.6015	77.0224	5
杭州	341427.8381	75.5967	6
天津	321394.3926	74.6474	7
南京	263188.1713	71.8891	8
厦门	244810.5273	71.0182	9
长沙	241752.1553	70.8733	10
西安	221958.6868	69.9353	11
重庆	213640.3741	69.5412	12
成都	179424.7489	67.9198	13
青岛	148226.4807	66.4413	14
郑州	133782.6656	65.7569	15
昆明	130190.1333	65.5866	16
福州	126925.2377	65.4319	17
哈尔滨	115011.6519	64.8674	18
兰州	109144.5697	64.5893	19
合肥	108682.4801	64.5675	20
大连	108000.2658	64.5351	21
济南	102009.9859	64.2513	22
石家庄	91670.3419	63.7613	23
海口	86692.2567	63.5254	24
银川	85169.6860	63.4532	25

城市	市政管理和服务	百分制数值	排名
南宁	84050.5891	63.4002	26
贵阳	81993.9933	63.3027	27
宁波	70546.6562	62.7603	28
拉萨	61277.8030	62.3211	29
西宁	60297.8613	62.2746	30
南昌	52792.7181	61.9190	31
沈阳	50439.7575	61.8075	32
呼和浩特	35793.8398	61.1134	33
太原	32105.9208	60.9387	34
长春	30431.7847	60.8593	35
乌鲁木齐	12297.6729	60.0000	36

表 3-2-37 中国城市在市政管理和服务（公共厕所）上的绩效表现和排名

城市	公共厕所	百分制数值	排名
深圳	101347.1304	100.0000	1
武汉	84370.6850	93.2666	2
长沙	70283.8889	87.6794	3
广州	58692.5058	83.0819	4
北京	47572.1956	78.6712	5
杭州	33762.8691	73.1940	6
天津	31263.4935	72.2027	7
上海	28017.5475	70.9152	8
南京	17303.4881	66.6657	9
昆明	17030.4980	66.5574	10
重庆	13133.6217	65.0118	11
青岛	12643.9295	64.8176	12
贵阳	12430.0421	64.7327	13
成都	11789.3675	64.4786	14
沈阳	10998.5345	64.1649	15
厦门	10834.0887	64.0997	16
济南	10169.0838	63.8360	17
呼和浩特	9892.1358	63.7261	18

城市	公共厕所	百分制数值	排名
哈尔滨	9120.6576	63.4201	19
兰州	9027.7029	63.3833	20
南宁	9004.4121	63.3740	21
合肥	8933.9384	63.3461	22
海口	8880.2404	63.3248	23
大连	8710.4969	63.2574	24
西安	8658.8566	63.2370	25
郑州	8546.9771	63.1926	26
宁波	8330.5057	63.1067	27
福州	7980.1574	62.9678	28
长春	6898.3784	62.5387	29
石家庄	6719.7655	62.4679	30
拉萨	6571.7047	62.4091	31
南昌	6194.5900	62.2595	32
太原	5077.8627	61.8166	33
银川	3252.7429	61.0927	34
西宁	1727.6613	60.4878	35
乌鲁木齐	497.7340	60.0000	36

表 3-2-38　中国城市在市政管理和服务（基础教育）上的绩效表现和排名

城市	基础教育	百分制数值	排名
上海	461785.2009	100.0000	1
北京	454268.7259	99.3407	2
深圳	383426.8727	93.1269	3
天津	196531.6000	76.7337	4
广州	166290.0058	74.0811	5
武汉	143517.9430	72.0837	6
厦门	128599.1916	70.7751	7
杭州	107177.3579	68.8961	8
南京	100618.9205	68.3209	9
西安	93564.8553	67.7021	10
重庆	90519.7707	67.4351	11

城市	基础教育	百分制数值	排名
长沙	78970.7231	66.4220	12
福州	49405.3153	63.8288	13
青岛	49022.7729	63.7952	14
郑州	42420.6331	63.2161	15
哈尔滨	40508.0523	63.0484	16
兰州	36891.2309	62.7311	17
宁波	36433.3860	62.6910	18
大连	32237.3836	62.3229	19
昆明	32219.3876	62.3213	20
成都	30769.7547	62.1942	21
合肥	29184.8782	62.0552	22
济南	29147.3383	62.0519	23
南昌	28907.1430	62.0308	24
石家庄	26671.7366	61.8347	25
沈阳	18188.7867	61.0907	26
南宁	12411.8959	60.5839	27
长春	12174.5177	60.5631	28
太原	12074.9226	60.5544	29
贵阳	10625.9765	60.4273	30
银川	9456.7097	60.3247	31
呼和浩特	8943.7776	60.2797	32
海口	8606.9605	60.2502	33
拉萨	6517.8493	60.0670	34
西宁	5806.1651	60.0045	35
乌鲁木齐	5754.4841	60.0000	36

表 3-2-39　中国城市在市政管理和服务（城市绿化）上的绩效表现和排名

城市	城市绿化	百分制数值	排名
北京	343549.3221	100.0000	1
上海	271805.9110	91.4985	2
广州	244370.1294	88.2475	3
杭州	185438.4661	81.2642	4

城市	城市绿化	百分制数值	排名
南京	134757.1739	75.2585	5
深圳	133855.5028	75.1517	6
武汉	133747.5693	75.1389	7
成都	132515.3399	74.9929	8
西安	116521.3838	73.0976	9
重庆	102193.6661	71.3998	10
厦门	94322.4684	70.4671	11
长沙	88502.7741	69.7775	12
青岛	84472.8954	69.2999	13
天津	81747.4811	68.9770	14
郑州	79895.1325	68.7575	15
昆明	78753.0234	68.6221	16
银川	72190.4517	67.8445	17
合肥	69926.7172	67.5762	18
海口	68884.0851	67.4527	19
福州	68411.7433	67.3967	20
大连	65253.8981	67.0225	21
哈尔滨	64896.8468	66.9802	22
兰州	62689.8661	66.7187	23
南宁	62166.9101	66.6567	24
济南	61894.1618	66.6244	25
贵阳	58513.3150	66.2238	26
石家庄	57288.2048	66.0786	27
西宁	52481.7693	65.5090	28
拉萨	47606.8672	64.9314	29
宁波	25023.9848	62.2553	30
沈阳	20513.4323	61.7209	31
南昌	16408.0849	61.2344	32
呼和浩特	16331.6052	61.2253	33
太原	14608.8407	61.0212	34
长春	10957.0935	60.5884	35
乌鲁木齐	5991.2398	60.0000	36

表 3—2—40　中国城市在市政管理和服务（公园分布）上的绩效表现和排名

城市	公园分布	百分制数值	排名
杭州	2797.0336	100.0000	1
北京	2354.9115	93.6699	2
广州	2354.1793	93.6594	3
上海	1526.8581	81.8142	4
深圳	1433.2307	80.4737	5
昆明	847.1296	72.0821	6
重庆	801.6904	71.4316	7
厦门	624.4014	68.8932	8
南京	587.7102	68.3679	9
长沙	404.4661	65.7443	10
石家庄	387.8844	65.5069	11
西安	340.7828	64.8325	12
成都	288.1016	64.0782	13
合肥	254.6626	63.5995	14
沈阳	203.6719	62.8694	15
大连	174.9926	62.4588	16
哈尔滨	135.5668	61.8943	17
西宁	130.0973	61.8160	18
南昌	113.6550	61.5806	19
青岛	80.1672	61.1011	20
福州	72.9094	60.9972	21
济南	69.1518	60.9434	22
郑州	59.9375	60.8115	23
武汉	57.6634	60.7789	24
拉萨	44.3634	60.5885	25
长春	43.8742	60.5815	26
宁波	43.3026	60.5733	27
天津	40.2619	60.5298	28
贵阳	40.0389	60.5266	29
南宁	39.3356	60.5165	30
太原	32.4895	60.4185	31

城市	公园分布	百分制数值	排名
海口	26.6359	60.3347	32
呼和浩特	12.1675	60.1275	33
银川	8.0571	60.0687	34
兰州	3.2607	60.0000	35
乌鲁木齐	0.0000	50.0000	36

表 3-2-41 中国城市在市政管理和服务（关怀弱势群体）上的绩效表现和排名

城市	关怀弱势群体	百分制数值	排名
广州	16520.2497	100.0000	1
杭州	12252.1114	89.6317	2
天津	11811.5562	88.5614	3
厦门	10430.3773	85.2062	4
南京	9920.8785	83.9685	5
武汉	9818.7408	83.7204	6
深圳	9513.7299	82.9795	7
上海	9175.8564	82.1587	8
北京	8654.1628	80.8914	9
重庆	6991.6252	76.8527	10
成都	4062.1853	69.7363	11
长沙	3590.3030	68.5900	12
西安	2872.8083	66.8470	13
郑州	2859.9853	66.8159	14
青岛	2006.7156	64.7431	15
大连	1623.4947	63.8122	16
昆明	1340.0948	63.1237	17
南昌	1169.2453	62.7087	18
福州	1055.1123	62.4314	19
济南	730.2502	61.6423	20
宁波	715.4772	61.6064	21
呼和浩特	614.1537	61.3602	22
石家庄	602.7505	61.3325	23
拉萨	537.0184	61.1728	24

城市	关怀弱势群体	百分制数值	排名
沈阳	535.3322	61.1688	25
兰州	532.5091	61.1619	26
南宁	428.0355	60.9081	27
贵阳	384.6208	60.8026	28
合肥	382.2837	60.7970	29
长春	357.9209	60.7378	30
哈尔滨	350.5283	60.7198	31
太原	311.8054	60.6257	32
海口	294.3350	60.5833	33
银川	261.7246	60.5041	34
西宁	152.1683	60.2380	35
乌鲁木齐	54.2150	60.0000	36

3.2.12 空气质量

中国城市在空气质量上的绩效表现和排名见表 3-2-42。

表 3-2-42 中国城市在空气质量上的绩效表现和排名

城市	空气质量	百分制数值	排名
上海	91049.1687	100.0000	1
武汉	75394.7764	93.1093	2
北京	39677.2389	77.3873	3
南京	12311.2103	65.3414	4
广州	9545.0458	64.1238	5
昆明	8382.5348	63.6121	6
深圳	8000.2770	63.4438	7
天津	6232.8496	62.6658	8
杭州	5890.3220	62.5151	9
成都	5873.0177	62.5074	10
西安	5480.6037	62.3347	11
贵阳	5358.8026	62.2811	12

城市	空气质量	百分制数值	排名
合肥	5236.0249	62.2270	13
海口	4193.8553	61.7683	14
拉萨	3859.3132	61.6211	15
厦门	3811.1332	61.5998	16
重庆	3486.8578	61.4571	17
福州	3156.1787	61.3115	18
哈尔滨	2403.9608	60.9804	19
南宁	2362.5093	60.9622	20
大连	2339.7703	60.9522	21
宁波	2229.7689	60.9038	22
南昌	1893.6701	60.7558	23
长沙	1807.9377	60.7181	24
沈阳	1799.4241	60.7143	25
郑州	1619.2650	60.6350	26
济南	1505.8328	60.5851	27
兰州	1489.3143	60.5778	28
太原	1180.8370	60.4420	29
青岛	976.8060	60.3522	30
石家庄	884.1991	60.3115	31
长春	877.5107	60.3085	32
呼和浩特	756.4857	60.2553	33
西宁	301.8536	60.0551	34
银川	268.6537	60.0405	35
乌鲁木齐	176.5879	60.0000	36

3.2.13 政府官员勤政

中国城市在政府官员勤政上的绩效表现和排名见表3-2-43。

表 3—2—43　中国城市在政府官员勤政上的绩效表现和排名

城市	政府官员勤政	百分制数值	排名
北京	67497.9718	100.0000	1
广州	40488.8835	83.9829	2
深圳	22949.8454	73.5818	3
杭州	20678.1713	72.2347	4
长沙	20225.8553	71.9664	5
厦门	18271.9436	70.8077	6
武汉	17587.9798	70.4021	7
青岛	16385.5340	69.6890	8
上海	15806.9950	69.3459	9
西安	15027.2059	68.8835	10
成都	14043.7935	68.3003	11
宁波	12191.0886	67.2016	12
福州	10671.5840	66.3005	13
昆明	10614.2385	66.2665	14
郑州	10514.3394	66.2073	15
大连	10036.4620	65.9239	16
天津	9649.8157	65.6946	17
南京	9609.5586	65.6707	18
重庆	8173.0519	64.8188	19
沈阳	3167.9476	61.8507	20
兰州	2193.8432	61.2730	21
济南	1888.9749	61.0922	22
南宁	1745.1137	61.0069	23
太原	1275.5815	60.7284	24
南昌	1054.2629	60.5972	25
哈尔滨	837.1760	60.4684	26
贵阳	596.6421	60.3258	27
海口	580.1689	60.3160	28
石家庄	559.9094	60.3040	29
合肥	522.0858	60.2816	30
呼和浩特	510.9985	60.2750	31

城市	政府官员勤政	百分制数值	排名
长春	437.9039	60.2317	32
拉萨	372.4761	60.1929	33
银川	347.3215	60.1779	34
西宁	313.4995	60.1579	35
乌鲁木齐	47.2513	60.0000	36

3.2.14　社会秩序与安全

中国城市在社会秩序与安全上的绩效表现和排名见表 3—2—44。

表 3—2—44　中国城市在社会秩序与安全上的绩效表现和排名

城市	社会秩序与安全	百分制数值	排名
北京	23075.2987	100.0000	1
广州	13385.4604	83.2024	2
上海	10703.8336	78.5537	3
天津	10339.6175	77.9224	4
深圳	6266.1991	70.8610	5
武汉	6045.9952	70.4793	6
西安	4665.1007	68.0854	7
杭州	4013.4887	66.9559	8
福州	2868.7841	64.9715	9
厦门	2816.9975	64.8817	10
重庆	2600.2254	64.5059	11
长沙	2331.9091	64.0408	12
成都	2001.6418	63.4683	13
哈尔滨	1880.5536	63.2584	14
南京	1838.7529	63.1859	15
大连	1611.0294	62.7911	16
昆明	1276.7009	62.2116	17
宁波	1218.6915	62.1110	18
郑州	1159.6867	62.0087	19
青岛	1042.4580	61.8055	20

城市	社会秩序与安全	百分制数值	排名
济南	1028.8963	61.7820	21
南宁	979.1511	61.6958	22
合肥	877.5631	61.5197	23
沈阳	856.2666	61.4827	24
太原	396.4584	60.6856	25
贵阳	259.1125	60.4476	26
兰州	242.1124	60.4181	27
石家庄	211.8634	60.3656	28
南昌	191.0761	60.3296	29
长春	182.5763	60.3149	30
呼和浩特	163.0104	60.2810	31
西宁	134.6974	60.2319	32
银川	90.2432	60.1548	33
海口	44.1819	60.0750	34
拉萨	10.3423	60.0163	35
乌鲁木齐	0.9357	60.0000	36

3.2.15 周围居民素养

周围居民素养由居民热情、居民文明、居民友好、居民友爱、居民礼貌五个子变量反映和测量。中国城市在周围居民素养上的绩效表现和排名见表 3-2-45，中国城市在上述子变量上的绩效表现和排名见表 3-2-46~3-2-50。

表 3-2-45　中国城市在周围居民素养上的绩效表现和排名

城市	周围居民素养	百分制数值	排名
北京	2107.8303	100.0000	1
天津	2067.8204	99.2399	2
上海	1637.4521	91.0642	3
济南	1040.2903	79.7200	4
南昌	555.3139	70.5069	5
青岛	506.0915	69.5718	6
大连	478.4576	69.0469	7

城市	周围居民素养	百分制数值	排名
杭州	461.9083	68.7325	8
郑州	433.0071	68.1835	9
长春	356.1220	66.7229	10
兰州	345.7451	66.5258	11
深圳	186.3491	63.4977	12
广州	141.1425	62.6389	13
西安	140.2311	62.6216	14
成都	128.7455	62.4034	15
重庆	121.8373	62.2722	16
太原	101.1621	61.8794	17
南宁	78.1735	61.4427	18
宁波	76.8859	61.4182	19
哈尔滨	74.1850	61.3669	20
南京	68.5711	61.2603	21
石家庄	65.3110	61.1984	22
武汉	47.3897	60.8579	23
乌鲁木齐	42.3669	60.7625	24
呼和浩特	39.3786	60.7057	25
长沙	38.9692	60.6979	26
厦门	30.0342	60.5282	27
合肥	20.5473	60.3480	28
贵阳	3.5837	60.0257	29
昆明	2.2293	60.0000	30
福州	0.0000	50.0000	31
沈阳	0.0000	50.0000	31
西宁	0.0000	50.0000	31
银川	0.0000	50.0000	31
海口	0.0000	50.0000	31
拉萨	0.0000	50.0000	31

表 3-2-46　中国城市在居民热情上的绩效表现和排名

城市	居民热情	百分制数值	排名
北京	94.0417	100.0000	1
深圳	58.6234	84.7979	2
大连	53.1594	82.4527	3
乌鲁木齐	42.3669	77.8204	4
武汉	30.2014	72.5988	5
上海	18.6953	67.6602	6
广州	15.5963	66.3300	7
长沙	8.1221	63.1220	8
青岛	4.0376	61.3688	9
杭州	3.8570	61.2913	10
南昌	3.5797	61.1723	11
天津	2.8798	60.8719	12
济南	2.5128	60.7144	13
成都	2.4934	60.7061	14
兰州	2.4829	60.7016	15
南京	0.8484	60.0000	16
郑州	0.0000	50.0000	17
长春	0.0000	50.0000	17
西安	0.0000	50.0000	17
重庆	0.0000	50.0000	17
太原	0.0000	50.0000	17
南宁	0.0000	50.0000	17
宁波	0.0000	50.0000	17
哈尔滨	0.0000	50.0000	17
石家庄	0.0000	50.0000	17
呼和浩特	0.0000	50.0000	17
厦门	0.0000	50.0000	17
合肥	0.0000	50.0000	17
贵阳	0.0000	50.0000	17
昆明	0.0000	50.0000	17
福州	0.0000	50.0000	17

城市	居民热情	百分制数值	排名
沈阳	0.0000	50.0000	17
西宁	0.0000	50.0000	17
银川	0.0000	50.0000	17
海口	0.0000	50.0000	17
拉萨	0.0000	50.0000	17

表 3-2-47　中国城市在居民文明上的绩效表现和排名

城市	居民文明	百分制数值	排名
天津	2064.9406	100.0000	1
北京	2013.7886	99.0081	2
上海	1615.3540	91.2816	3
济南	1037.7775	80.0813	4
南昌	551.7342	70.6560	5
青岛	502.0539	69.6926	6
杭州	456.3220	68.8057	7
郑州	433.0071	68.3536	8
大连	425.2982	68.2041	9
长春	356.1220	66.8627	10
兰州	343.2622	66.6133	11
西安	140.2311	62.6761	12
深圳	127.7257	62.4336	13
成都	126.2521	62.4050	14
广州	125.5463	62.3914	15
重庆	119.2890	62.2700	16
太原	101.1621	61.9185	17
南宁	78.1735	61.4727	18
宁波	75.5632	61.4221	19
哈尔滨	74.1850	61.3954	20
南京	67.7227	61.2700	21
石家庄	65.3110	61.2233	22
呼和浩特	39.3786	60.7204	23
长沙	30.8470	60.5550	24

城市	居民文明	百分制数值	排名
厦门	30.0342	60.5392	25
合肥	20.5473	60.3552	26
贵阳	3.5837	60.0263	27
昆明	2.2293	60.0000	28
乌鲁木齐	0.0000	50.0000	29
武汉	0.0000	50.0000	29
福州	0.0000	50.0000	29
沈阳	0.0000	50.0000	29
西宁	0.0000	50.0000	29
银川	0.0000	50.0000	29
海口	0.0000	50.0000	29
拉萨	0.0000	50.0000	29

表 3-2-48 中国城市在居民友好上的绩效表现和排名

城市	居民友好	百分制数值	排名
武汉	17.1883	100.0000	1
上海	3.4027	68.5789	2
重庆	2.5483	66.4247	3
杭州	1.7293	64.3599	4
宁波	1.3227	60.0000	5
天津	0.0000	50.0000	6
北京	0.0000	50.0000	6
济南	0.0000	50.0000	6
南昌	0.0000	50.0000	6
青岛	0.0000	50.0000	6
郑州	0.0000	50.0000	6
大连	0.0000	50.0000	6
长春	0.0000	50.0000	6
兰州	0.0000	50.0000	6
西安	0.0000	50.0000	6
深圳	0.0000	50.0000	6
成都	0.0000	50.0000	6

城市	居民友好	百分制数值	排名
广州	0.0000	50.0000	6
太原	0.0000	50.0000	6
南宁	0.0000	50.0000	6
哈尔滨	0.0000	50.0000	6
南京	0.0000	50.0000	6
石家庄	0.0000	50.0000	6
呼和浩特	0.0000	50.0000	6
长沙	0.0000	50.0000	6
厦门	0.0000	50.0000	6
合肥	0.0000	50.0000	6
贵阳	0.0000	50.0000	6
昆明	0.0000	50.0000	6
乌鲁木齐	0.0000	50.0000	6
福州	0.0000	50.0000	6
沈阳	0.0000	50.0000	6
西宁	0.0000	50.0000	6
银川	0.0000	50.0000	6
海口	0.0000	50.0000	6
拉萨	0.0000	50.0000	6

表 3-2-49　中国城市在居民友爱上的绩效表现和排名

城市	居民友爱	百分制数值	排名
北京	0.0000	50.0000	1
成都	0.0000	50.0000	1
大连	0.0000	50.0000	1
福州	0.0000	50.0000	1
广州	0.0000	50.0000	1
贵阳	0.0000	50.0000	1
哈尔滨	0.0000	50.0000	1
海口	0.0000	50.0000	1
杭州	0.0000	50.0000	1
合肥	0.0000	50.0000	1

续表

城市	居民友爱	百分制数值	排名
呼和浩特	0.0000	50.0000	1
济南	0.0000	50.0000	1
昆明	0.0000	50.0000	1
拉萨	0.0000	50.0000	1
兰州	0.0000	50.0000	1
南昌	0.0000	50.0000	1
南京	0.0000	50.0000	1
南宁	0.0000	50.0000	1
宁波	0.0000	50.0000	1
青岛	0.0000	50.0000	1
厦门	0.0000	50.0000	1
上海	0.0000	50.0000	1
深圳	0.0000	50.0000	1
沈阳	0.0000	50.0000	1
石家庄	0.0000	50.0000	1
太原	0.0000	50.0000	1
天津	0.0000	50.0000	1
乌鲁木齐	0.0000	50.0000	1
武汉	0.0000	50.0000	1
西安	0.0000	50.0000	1
西宁	0.0000	50.0000	1
银川	0.0000	50.0000	1
长春	0.0000	50.0000	1
长沙	0.0000	50.0000	1
郑州	0.0000	50.0000	1
重庆	0.0000	50.0000	1

表 3-2-50 中国城市在居民礼貌上的绩效表现和排名

城市	居民礼貌	百分制数值	排名
北京	0.0000	50.0000	1
成都	0.0000	50.0000	1
大连	0.0000	50.0000	1

城市	居民礼貌	百分制数值	排名
福州	0.0000	50.0000	1
广州	0.0000	50.0000	1
贵阳	0.0000	50.0000	1
哈尔滨	0.0000	50.0000	1
海口	0.0000	50.0000	1
杭州	0.0000	50.0000	1
合肥	0.0000	50.0000	1
呼和浩特	0.0000	50.0000	1
济南	0.0000	50.0000	1
昆明	0.0000	50.0000	1
拉萨	0.0000	50.0000	1
兰州	0.0000	50.0000	1
南昌	0.0000	50.0000	1
南京	0.0000	50.0000	1
南宁	0.0000	50.0000	1
宁波	0.0000	50.0000	1
青岛	0.0000	50.0000	1
厦门	0.0000	50.0000	1
上海	0.0000	50.0000	1
深圳	0.0000	50.0000	1
沈阳	0.0000	50.0000	1
石家庄	0.0000	50.0000	1
太原	0.0000	50.0000	1
天津	0.0000	50.0000	1
乌鲁木齐	0.0000	50.0000	1
武汉	0.0000	50.0000	1
西安	0.0000	50.0000	1
西宁	0.0000	50.0000	1
银川	0.0000	50.0000	1
长春	0.0000	50.0000	1
长沙	0.0000	50.0000	1

续表

城市	居民礼貌	百分制数值	排名
郑州	0.0000	50.0000	1
重庆	0.0000	50.0000	1

3.3 环境压力

环境压力由噪声、空间拥挤、交通拥堵三个子变量反映和测量。中国城市在环境压力上的绩效表现和排名见表 3-3-1，中国城市在噪声、空间拥挤、交通拥堵三个子变量上的绩效表现和排名分别见表 3-3-2~3-3-4。

表 3-3-1　中国城市在环境压力上的绩效表现和排名

城市	环境压力	百分制数值	排名
北京	138976.3638	100.0000	1
广州	100655.8370	88.9434	2
杭州	55155.9394	75.8153	3
上海	54725.2663	75.6911	4
厦门	43857.1937	72.5553	5
昆明	42925.9694	72.2866	6
南宁	42112.9000	72.0520	7
南京	40593.3046	71.6136	8
深圳	39674.0936	71.3483	9
兰州	37605.6570	70.7515	10
西安	33569.8183	69.5871	11
济南	33048.9642	69.4368	12
重庆	31199.8193	68.9033	13
长春	30606.3774	68.7320	14
武汉	30431.6015	68.6816	15
拉萨	29748.3379	68.4845	16
成都	28906.8954	68.2417	17
合肥	26114.1417	67.4359	18
福州	26112.3368	67.4354	19
天津	25282.8895	67.1961	20

续表

城市	环境压力	百分制数值	排名
太原	25229.2140	67.1806	21
大连	24758.1857	67.0447	22
宁波	24488.8816	66.9670	23
海口	22664.5544	66.4406	24
长沙	21107.9813	65.9915	25
石家庄	20211.9514	65.7329	26
贵阳	16730.0647	64.7283	27
南昌	16345.7689	64.6174	28
郑州	14779.1842	64.1654	29
沈阳	12956.0079	63.6394	30
哈尔滨	9626.6447	62.6788	31
青岛	9131.8047	62.5360	32
呼和浩特	2352.1416	60.5799	33
银川	1491.9969	60.3317	34
西宁	979.6290	60.1838	35
乌鲁木齐	342.4372	60.0000	36

表 3－3－2　中国城市在噪声上的绩效表现和排名

城市	噪声	百分制数值	排名
北京	115532.4676	100.0000	1
广州	86266.1858	89.8457	2
上海	42208.0658	74.5592	3
昆明	41165.1465	74.1973	4
杭州	40037.2464	73.8060	5
南宁	38723.1558	73.3501	6
厦门	36804.8629	72.6845	7
兰州	35027.8571	72.0679	8
深圳	33215.4109	71.4391	9
济南	30396.7748	70.4611	10
拉萨	29115.2663	70.0165	11
长春	27564.8102	69.4785	12
成都	27004.7374	69.2842	13

城市	噪声	百分制数值	排名
福州	24910.1729	68.5575	14
西安	23949.5699	68.2242	15
合肥	23585.4990	68.0979	16
大连	23115.5358	67.9348	17
太原	23052.4124	67.9129	18
宁波	22636.0558	67.7684	19
海口	21108.2949	67.2384	20
南京	20675.0496	67.0880	21
重庆	20556.2971	67.0468	22
武汉	19837.4187	66.7974	23
石家庄	18686.7316	66.3982	24
长沙	17758.6393	66.0762	25
天津	15223.3726	65.1965	26
南昌	14536.2498	64.9581	27
郑州	12355.5183	64.2015	28
贵阳	12250.7401	64.1651	29
沈阳	10906.7230	63.6988	30
哈尔滨	8308.0641	62.7972	31
青岛	5799.6155	61.9268	32
呼和浩特	1715.5240	60.5098	33
银川	1023.2144	60.2696	34
西宁	588.8721	60.1189	35
乌鲁木齐	246.1770	60.0000	36

表 3-3-3 中国城市在空间拥挤上的绩效表现和排名

城市	空间拥挤	百分制数值	排名
北京	1774.9062	100.0000	1
武汉	826.8423	78.6148	2
上海	607.0741	73.6575	3
南京	319.8444	67.1785	4
广州	291.6129	66.5417	5
深圳	271.6012	66.0903	6

城市	空间拥挤	百分制数值	排名
杭州	246.7257	65.5292	7
青岛	142.3083	63.1739	8
成都	139.1709	63.1031	9
西安	137.9180	63.0749	10
太原	137.7447	63.0710	11
重庆	86.9735	61.9257	12
厦门	69.0107	61.5205	13
长沙	58.6042	61.2858	14
天津	46.2889	61.0080	15
济南	45.9951	61.0014	16
大连	44.7850	60.9741	17
长春	34.3737	60.7392	18
沈阳	20.0546	60.4162	19
兰州	17.7332	60.3639	20
宁波	16.1615	60.3284	21
南昌	11.2306	60.2172	22
西宁	10.7366	60.2061	23
合肥	10.5649	60.2022	24
昆明	10.1308	60.1924	25
石家庄	3.2176	60.0365	26
郑州	3.1602	60.0352	27
南宁	1.6012	60.0000	28
拉萨	0.0000	50.0000	29
福州	0.0000	50.0000	29
海口	0.0000	50.0000	29
贵阳	0.0000	50.0000	29
哈尔滨	0.0000	50.0000	29
呼和浩特	0.0000	50.0000	29
银川	0.0000	50.0000	29
乌鲁木齐	0.0000	50.0000	29

表 3-3-4 中国城市在交通拥堵上的绩效表现和排名

城市	交通拥堵	百分制数值	排名
北京	21668.9901	100.0000	1
南京	19598.4107	96.1607	2
杭州	14871.9672	87.3970	3
广州	14098.0383	85.9620	4
上海	11910.1264	81.9052	5
重庆	10556.5487	79.3954	6
天津	10013.2280	78.3880	7
武汉	9739.1573	77.8798	8
西安	9482.3304	77.4036	9
厦门	6983.3201	72.7699	10
深圳	6150.7719	71.2262	11
贵阳	4479.3246	68.1270	12
南宁	3378.1852	66.0853	13
长沙	3290.7378	65.9232	14
青岛	3189.8809	65.7362	15
长春	3007.1935	65.3974	16
济南	2606.1943	64.6539	17
兰州	2560.0667	64.5684	18
合肥	2508.1048	64.4720	19
郑州	2410.1414	64.2904	20
太原	2039.0569	63.6023	21
沈阳	2019.0733	63.5653	22
宁波	1836.6643	63.2270	23
南昌	1798.2885	63.1559	24
成都	1762.9870	63.0904	25
昆明	1750.6921	63.0676	26
大连	1587.7853	62.7656	27
海口	1556.2595	62.7071	28
石家庄	1522.0022	62.6436	29
哈尔滨	1309.2007	62.2490	30
福州	1192.0538	62.0318	31

城市	交通拥堵	百分制数值	排名
呼和浩特	636.6176	61.0019	32
拉萨	633.0716	60.9954	33
银川	468.7826	60.6907	34
西宁	380.0204	60.5261	35
乌鲁木齐	96.2601	60.0000	36

3.4　城市产品质量净值

　　本书界定的城市产品质量净值由城市产品质量总值减去该城市的环境压力总值。中国城市在城市产品质量净值上的绩效表现和排名见表3-4-1。

表3-4-1　中国城市在城市产品质量净值上的绩效表现和排名

城市	城市产品质量净值	百分制数值	排名
北京	11574555.6685	100.0000	1
上海	8616956.6654	89.6258	2
广州	8588486.8042	89.5260	3
深圳	7179109.1573	84.5824	4
天津	5543917.2019	78.8468	5
杭州	3669842.7905	72.2732	6
南京	3559746.2168	71.8870	7
西安	3205364.2984	70.6440	8
武汉	2838409.7275	69.3569	9
厦门	2616589.9219	68.5788	10
重庆	2405936.9369	67.8399	11
长沙	2058559.6803	66.6214	12
青岛	2045056.5870	66.5741	13
成都	1979700.2851	66.3448	14
大连	1891482.9497	66.0354	15
郑州	1476437.3313	64.5796	16
福州	1336770.4161	64.0897	17
昆明	1242158.0300	63.7578	18

城市	城市产品质量净值	百分制数值	排名
宁波	1163575.0247	63.4822	19
济南	1149137.6043	63.4315	20
哈尔滨	1111807.5997	63.3006	21
合肥	1008178.6776	62.9371	22
沈阳	934954.6372	62.6802	23
南宁	921454.7375	62.6329	24
兰州	744942.4440	62.0138	25
南昌	733669.9988	61.9742	26
石家庄	689901.9697	61.8207	27
贵阳	663920.5329	61.7296	28
海口	622016.5889	61.5826	29
太原	536318.8236	61.2820	30
长春	524423.5638	61.2403	31
拉萨	462397.1807	61.0227	32
银川	421596.9704	60.8796	33
西宁	355691.7821	60.6484	34
呼和浩特	299758.9878	60.4522	35
乌鲁木齐	170835.0849	60.0000	36

3.5　城市产品质量的结果变量

城市产品质量的结果变量包含城市依恋、主观幸福感、居民生活质量和主人翁意识四个变量。中国城市在上述四个变量上的绩效表现和排名见表3－5－1～3－5－4。

表3－5－1　中国城市在城市依恋上的绩效表现和排名

城市	城市依恋	百分制数值	排名
北京	4393.0450	100.0000	1
上海	2101.7170	78.9071	2
天津	1778.3739	75.9306	3
厦门	1391.4949	72.3691	4
青岛	1384.0691	72.3008	5

续表

城市	城市依恋	百分制数值	排名
合肥	1254.9359	71.1120	6
昆明	1211.3883	70.7112	7
拉萨	1135.2081	70.0099	8
太原	1045.2416	69.1817	9
宁波	1016.2887	68.9152	10
西宁	953.9249	68.3411	11
长春	926.8883	68.0922	12
兰州	906.1724	67.9015	13
南昌	897.4381	67.8211	14
银川	844.6110	67.3348	15
呼和浩特	826.2759	67.1660	16
广州	731.0306	66.2892	17
重庆	581.2283	64.9102	18
深圳	525.2769	64.3951	19
南京	521.7294	64.3625	20
成都	389.4102	63.1444	21
西安	370.9944	62.9749	22
武汉	350.7567	62.7886	23
杭州	330.9961	62.6067	24
长沙	324.0820	62.5430	25
福州	221.9335	61.6027	26
济南	178.4433	61.2023	27
大连	168.3941	61.1098	28
哈尔滨	118.5685	60.6512	29
郑州	110.5974	60.5778	30
南宁	86.0654	60.3520	31
石家庄	84.0765	60.3337	32
沈阳	63.2702	60.1421	33
海口	52.4927	60.0429	34
贵阳	47.8320	60.0000	35
乌鲁木齐	0.0000	50.0000	36

表 3-5-2　中国城市在主观幸福感上的绩效表现和排名

城市	主观幸福感	百分制数值	排名
上海	1975.1902	100.0000	1
广州	1716.9227	94.7416	2
北京	1537.7225	91.0930	3
天津	1144.7812	83.0926	4
西安	1005.3429	80.2536	5
杭州	890.4033	77.9133	6
深圳	681.4462	73.6589	7
武汉	616.9749	72.3462	8
哈尔滨	598.0144	71.9602	9
厦门	592.6830	71.8516	10
南京	524.2301	70.4579	11
成都	503.9331	70.0447	12
重庆	488.3112	69.7266	13
青岛	446.1336	68.8678	14
太原	371.2207	67.3426	15
南宁	351.8077	66.9473	16
长沙	341.4037	66.7355	17
宁波	331.8496	66.5410	18
济南	230.7410	64.4824	19
郑州	215.0229	64.1623	20
福州	211.7341	64.0954	21
大连	191.9841	63.6933	22
昆明	182.3517	63.4971	23
长春	172.2346	63.2912	24
南昌	169.8495	63.2426	25
沈阳	160.5702	63.0537	26
兰州	159.4635	63.0311	27
合肥	131.8821	62.4696	28
西宁	121.1734	62.2515	29
石家庄	77.3101	61.3585	30
乌鲁木齐	72.5974	61.2625	31

城市	主观幸福感	百分制数值	排名
海口	61.3228	61.0330	32
拉萨	49.5984	60.7942	33
呼和浩特	35.5151	60.5075	34
贵阳	11.8083	60.0248	35
银川	10.5891	60.0000	36

表 3-5-3　中国城市在居民生活质量上的绩效表现和排名

城市	居民生活质量	百分制数值	排名
北京	20927.7834	100.0000	1
广州	10548.1376	80.0780	2
上海	9657.3654	78.3683	3
深圳	8043.1059	75.2700	4
杭州	6668.6568	72.6320	5
海口	6324.1851	71.9708	6
武汉	5188.1124	69.7903	7
重庆	5183.3615	69.7812	8
西安	4469.4493	68.4110	9
长沙	3669.6345	66.8758	10
青岛	3171.0800	65.9190	11
南京	2954.9382	65.5041	12
厦门	2666.0117	64.9496	13
成都	2478.6602	64.5900	14
宁波	2323.6272	64.2924	15
南宁	2132.3262	63.9252	16
大连	2094.1569	63.8520	17
昆明	1936.1111	63.5486	18
沈阳	1925.0542	63.5274	19
郑州	1518.6948	62.7475	20
福州	1453.5070	62.6224	21
哈尔滨	1452.4399	62.6203	22
天津	1438.5224	62.5936	23
济南	1417.5468	62.5533	24

城市	居民生活质量	百分制数值	排名
石家庄	1195.9134	62.1279	25
南昌	1096.6974	61.9375	26
合肥	1070.0886	61.8864	27
拉萨	1028.4328	61.8065	28
兰州	1004.7674	61.7611	29
西宁	905.6716	61.5709	30
长春	860.5888	61.4843	31
太原	689.4456	61.1559	32
银川	689.0515	61.1551	33
贵阳	257.9455	60.3277	34
呼和浩特	104.4621	60.0331	35
乌鲁木齐	87.2242	60.0000	36

表 3-5-4　中国城市在主人翁意识上的绩效表现和排名

城市	主人翁意识	百分制数值	排名
北京	5928.4292	100.0000	1
上海	3304.3061	82.1489	2
深圳	2749.2315	78.3729	3
广州	1758.3676	71.6323	4
南京	1399.0071	69.1877	5
天津	1304.0990	68.5421	6
西安	890.9332	65.7314	7
杭州	878.6541	65.6479	8
重庆	762.0254	64.8545	9
武汉	624.8525	63.9214	10
青岛	586.0763	63.6576	11
成都	567.3755	63.5304	12
南昌	508.1362	63.1274	13
兰州	469.4301	62.8641	14
昆明	448.8572	62.7241	15
济南	440.1234	62.6647	16
福州	398.4714	62.3814	17

城市	主人翁意识	百分制数值	排名
长沙	376.3452	62.2308	18
贵阳	374.1914	62.2162	19
合肥	357.9673	62.1058	20
长春	353.1349	62.0729	21
郑州	340.3846	61.9862	22
哈尔滨	330.0684	61.9160	23
大连	314.8928	61.8128	24
厦门	287.0026	61.6231	25
宁波	238.5656	61.2936	26
沈阳	233.5167	61.2592	27
南宁	207.9872	61.0855	28
石家庄	180.5983	60.8992	29
太原	132.8366	60.5743	30
银川	112.3063	60.4347	31
呼和浩特	96.8487	60.3295	32
拉萨	89.2065	60.2775	33
西宁	88.3937	60.2720	34
海口	54.8032	60.0435	35
乌鲁木齐	48.4109	60.0000	36

第4篇　中国城市高质量发展城市榜

本篇章以省会和副省级及以上 36 个城市为主体，报告每一个城市在市场导向观念、城市产品质量、环境压力、城市产品质量净值、城市产品质量的结果变量五类指标的绩效表现和排名。

4.1　哈尔滨市城市高质量发展现状

哈尔滨市城市高质量发展现状见表 4－1－1。

表 4－1－1　哈尔滨市城市高质量发展现状

城市高质量发展指标	哈尔滨市绩效值	百分制数值	排名
MOC1 居民导向	2103.5315	62.5229	21
MOC2 竞争者导向	302.0979	64.2376	25
CPQ1 宏观环境	804510.9114	62.8944	21
CPQ1－1 天然景观	3815.8587	64.9380	22
CPQ1－2 地理位置	577115.1727	62.3283	23
CPQ1－3 城市文化	216629.5790	65.9266	16
CPQ1－4 人文景观	6950.3010	65.8652	24
CPQ2 城市设计和标志性建筑	678.3965	60.9337	28
CPQ2－1 城市整体规划	551.6651	60.9194	27
CPQ2－2 城市街区规划	126.7314	61.0466	23
CPQ2－3 标志性建筑	0.0000	50.0000	10
CPQ3 社区基础设施	1506.8260	64.0188	26
CPQ3－1 社区医疗卫生机构	12.5817	60.2246	24
CPQ3－2 社区内菜市场	765.6586	64.1307	24
CPQ3－3 社区内邮政系统	107.7741	60.7499	28
CPQ3－4 社区内购买日常用品	578.3491	92.0372	3
CPQ3－5 社区内小孩入托	42.4625	60.3937	23

城市高质量发展指标	哈尔滨市绩效值	百分制数值	排名
CPQ4 社区管理与服务	421.5849	73.1725	18
CPQ4－1 社区公共活动空间	178.4890	68.1575	17
CPQ4－2 社区车辆管理	0.0000	50.0000	13
CPQ4－3 社区清洁管理	243.0959	71.7918	14
CPQ4－4 社区安全管理	0.0000	50.0000	12
CPQ5 交通系统	31607.1746	65.2668	17
CPQ5－1 城市道路	255.3687	65.6993	21
（1）主干道	200.3564	78.6836	18
CPQ5－2 公共交通线路	13839.6801	63.2746	17
（1）公交车	5603.1414	64.8880	15
（2）地铁	8236.5387	62.3445	18
CPQ5－3 自驾车在城区指定范围的停车管理	17512.1257	65.8938	17
（1）自驾车	303.0908	64.6855	13
（2）停车	15337.6201	66.8792	16
（3）停车场	1871.4148	62.4831	23
CPQ6 休闲和娱乐	119692.2556	66.7412	21
CPQ7 餐饮	23461.0481	62.0146	17
CPQ8 购物	552.6105	71.5422	12
CPQ9 公共事件	12786.6973	76.9800	5
CPQ10 个人职业发展	5999.8322	63.9445	16
CPQ11 市政管理和服务	115011.6519	64.8674	18
CPQ11－1 公共厕所	9120.6576	63.4201	19
CPQ11－2 基础教育	40508.0523	63.0484	16
CPQ11－3 城市绿化	64896.8468	66.9802	22
CPQ11－4 公园分布	135.5668	61.8943	17
CPQ11－5 关怀弱势群体	350.5283	60.7198	31
CPQ12 空气质量	2403.9608	60.9804	19
CPQ13 政府官员勤政	837.1760	60.4684	26
CPQ14 社会秩序与安全	1880.5536	63.2584	14
CPQ15 周围居民素养	74.1850	61.3669	20
CPQ15－1 居民热情	0.0000	50.0000	17
CPQ15－2 居民文明	74.1850	61.3954	20

城市高质量发展指标	哈尔滨市绩效值	百分制数值	排名
CPQ15-3 居民友好	0.0000	50.0000	6
CPQ15-4 居民友爱	0.0000	50.0000	1
CPQ15-5 居民礼貌	0.0000	50.0000	1
ES 环境压力	9626.6447	62.6788	31
ES1 噪声	8308.0641	62.7972	31
ES2 空间拥挤	0.0000	50.0000	29
ES3 交通拥堵	1309.2007	62.2490	30
NVCPQ 城市产品质量净值	1111807.5997	63.3006	21
OV1 城市依恋	118.5685	60.6512	29
OV2 主观幸福感	598.0144	71.9602	9
OV3 居民生活质量	1452.4399	62.6203	22
OV4 主人翁意识	330.0684	61.9160	23

4.2　长春市城市高质量发展现状

长春市城市高质量发展现状见表4-2-1。

表 4-2-1　长春市城市高质量发展现状

城市高质量发展指标	长春市绩效值	百分制数值	排名
MOC1 居民导向	1012.6317	61.1758	30
MOC2 竞争者导向	180.5692	62.5020	33
CPQ1 宏观环境	426269.1011	61.2446	29
CPQ1-1 天然景观	1894.5616	62.2655	30
CPQ1-2 地理位置	354381.1893	61.1783	29
CPQ1-3 城市文化	64729.1485	61.5561	30
CPQ1-4 人文景观	5264.2017	63.1498	30
CPQ2 城市设计和标志性建筑	520.4272	60.6466	31
CPQ2-1 城市整体规划	486.4734	60.7726	29
CPQ2-2 城市街区规划	33.9538	60.1713	29
CPQ2-3 标志性建筑	0.0000	50.0000	10
CPQ3 社区基础设施	909.4785	62.3523	31

城市高质量发展指标	长春市绩效值	百分制数值	排名
CPQ3－1 社区医疗卫生机构	3.4723	60.0000	27
CPQ3－2 社区内菜市场	147.3111	60.7778	33
CPQ3－3 社区内邮政系统	299.3276	62.1001	23
CPQ3－4 社区内购买日常用品	459.3675	85.3750	7
CPQ3－5 社区内小孩入托	0.0000	50.0000	31
CPQ4 社区管理与服务	17.8350	60.0000	35
CPQ4－1 社区公共活动空间	17.8350	60.0000	35
CPQ4－2 社区车辆管理	0.0000	50.0000	13
CPQ4－3 社区清洁管理	0.0000	50.0000	35
CPQ4－4 社区安全管理	0.0000	50.0000	12
CPQ5 交通系统	13295.1743	62.0135	31
CPQ5－1 城市道路	323.5313	67.2400	14
（1）主干道	248.6767	83.2633	16
CPQ5－2 公共交通线路	3509.8181	60.7050	31
（1）公交车	1655.7977	61.1983	24
（2）地铁	1854.0204	60.4645	31
CPQ5－3 自驾车在城区指定范围的停车管理	9461.8249	62.9697	28
（1）自驾车	110.7573	61.7072	19
（2）停车	8180.3827	63.4429	28
（3）停车场	1170.6848	61.4199	28
CPQ6 休闲和娱乐	66178.5665	63.5180	33
CPQ7 餐饮	8805.8291	60.5289	30
CPQ8 购物	547.4567	71.3352	13
CPQ9 公共事件	808.6278	60.9253	29
CPQ10 个人职业发展	5391.5475	63.5257	18
CPQ11 市政管理和服务	30431.7847	60.8593	35
CPQ11－1 公共厕所	6898.3784	62.5387	29
CPQ11－2 基础教育	12174.5177	61.0679	28
CPQ11－3 城市绿化	10957.0935	60.5884	35
CPQ11－4 公园分布	43.8742	60.5815	26
CPQ11－5 关怀弱势群体	357.9209	60.7378	30
CPQ12 空气质量	877.5107	60.3085	32

城市高质量发展指标	长春市绩效值	百分制数值	排名
CPQ13 政府官员勤政	437.9039	60.2317	32
CPQ14 社会秩序与安全	182.5763	60.3149	30
CPQ15 周围居民素养	356.1220	66.7229	10
CPQ15-1 居民热情	0.0000	50.0000	17
CPQ15-2 居民文明	356.1220	66.8627	10
CPQ15-3 居民友好	0.0000	50.0000	6
CPQ15-4 居民友爱	0.0000	50.0000	1
CPQ15-5 居民礼貌	0.0000	50.0000	1
ES 环境压力	30606.3774	68.7320	14
ES1 噪声	27564.8102	69.4785	12
ES2 空间拥挤	34.3737	60.7392	18
ES3 交通拥堵	3007.1935	65.3974	16
NVCPQ 城市产品质量净值	524423.5638	61.2403	31
OV1 城市依恋	926.8883	68.0922	12
OV2 主观幸福感	172.2346	63.2912	24
OV3 居民生活质量	860.5888	61.4843	31
OV4 主人翁意识	353.1349	62.0729	21

4.3 沈阳市城市高质量发展现状

沈阳市城市高质量发展现状见表4-3-1。

表4-3-1 沈阳市城市高质量发展现状

城市高质量发展指标	沈阳市绩效值	百分制数值	排名
MOC1 居民导向	1683.5570	62.0043	24
MOC2 竞争者导向	413.6238	65.8304	21
CPQ1 宏观环境	771551.9816	62.7506	22
CPQ1-1 天然景观	5730.6912	67.6015	19
CPQ1-2 地理位置	615822.1436	62.5282	22
CPQ1-3 城市文化	142624.4991	63.7973	22
CPQ1-4 人文景观	7374.6477	66.5486	22

城市高质量发展指标	沈阳市绩效值	百分制数值	排名
CPQ2 城市设计和标志性建筑	973.7565	61.4705	19
CPQ2-1 城市整体规划	810.7550	61.5030	19
CPQ2-2 城市街区规划	163.0014	61.3888	21
CPQ2-3 标志性建筑	0.0000	50.0000	10
CPQ3 社区基础设施	1393.3151	63.7022	27
CPQ3-1 社区医疗卫生机构	18.3761	60.3675	22
CPQ3-2 社区内菜市场	873.9749	64.7180	23
CPQ3-3 社区内邮政系统	88.1512	60.6115	30
CPQ3-4 社区内购买日常用品	409.5225	82.5840	9
CPQ3-5 社区内小孩入托	3.2904	60.0196	29
CPQ4 社区管理与服务	81.5771	62.0796	31
CPQ4-1 社区公共活动空间	32.2804	60.7335	32
CPQ4-2 社区车辆管理	0.0000	50.0000	13
CPQ4-3 社区清洁管理	0.0000	50.0000	32
CPQ4-4 社区安全管理	49.2966	71.3099	4
CPQ5 交通系统	14936.0524	62.3050	29
CPQ5-1 城市道路	52.6970	61.1183	33
（1）主干道	0.0000	50.0000	26
CPQ5-2 公共交通线路	8052.4330	61.8350	23
（1）公交车	1236.7937	60.8067	30
（2）地铁	6815.6393	61.9259	21
CPQ5-3 自驾车在城区指定范围的停车管理	6830.9224	62.0140	32
（1）自驾车	21.3124	60.3221	31
（2）停车	5128.2870	61.9775	34
（3）停车场	1681.3231	62.1947	24
CPQ6 休闲和娱乐	79014.9176	64.2911	28
CPQ7 餐饮	14844.9620	61.1412	27
CPQ8 购物	528.6877	70.5815	16
CPQ9 公共事件	3101.3400	63.9983	18
CPQ10 个人职业发展	5210.5024	63.4011	19
CPQ11 市政管理和服务	50439.7575	61.8075	32
CPQ11-1 公共厕所	10998.5345	64.1649	15

续表

城市高质量发展指标	沈阳市绩效值	百分制数值	排名
CPQ11-2 基础教育	18188.7867	61.0907	26
CPQ11-3 城市绿化	20513.4323	61.7209	31
CPQ11-4 公园分布	203.6719	62.8694	15
CPQ11-5 关怀弱势群体	535.3322	61.1688	25
CPQ12 空气质量	1799.4241	60.7143	25
CPQ13 政府官员勤政	3167.9476	61.8507	20
CPQ14 社会秩序与安全	856.2666	61.4827	24
CPQ15 周围居民素养	0.0000	50.0000	31
CPQ15-1 居民热情	0.0000	50.0000	17
CPQ15-2 居民文明	0.0000	50.0000	29
CPQ15-3 居民友好	0.0000	50.0000	6
CPQ15-4 居民友爱	0.0000	50.0000	1
CPQ15-5 居民礼貌	0.0000	50.0000	1
ES 环境压力	12945.8508	63.6365	30
ES1 噪声	10906.7230	63.6988	30
ES2 空间拥挤	20.0546	60.4162	19
ES3 交通拥堵	2019.0733	63.5653	22
NVCPQ 城市产品质量净值	934954.6372	62.6802	23
OV1 城市依恋	63.2702	60.1421	33
OV2 主观幸福感	160.5702	63.0537	26
OV3 居民生活质量	1925.0542	63.5274	19
OV4 主人翁意识	233.5167	61.2592	27

4.4 大连市城市高质量发展现状

大连市城市高质量发展现状见表4-4-1。

表4-4-1 大连市城市高质量发展现状

城市高质量发展指标	大连市绩效值	百分制数值	排名
MOC1 居民导向	2044.0405	62.4494	22
MOC2 竞争者导向	278.2062	63.8964	27

续表

城市高质量发展指标	大连市绩效值	百分制数值	排名
CPQ1 宏观环境	1509984.3540	65.9715	13
CPQ1-1 天然景观	8672.8778	71.6941	14
CPQ1-2 地理位置	1196369.0087	65.5257	13
CPQ1-3 城市文化	296617.5564	68.2280	11
CPQ1-4 人文景观	8324.9108	68.0790	14
CPQ2 城市设计和标志性建筑	549.0999	60.6987	30
CPQ2-1 城市整体规划	440.8257	60.6697	30
CPQ2-2 城市街区规划	108.2741	60.8724	24
CPQ2-3 标志性建筑	0.0000	50.0000	10
CPQ3 社区基础设施	1973.6016	65.3211	21
CPQ3-1 社区医疗卫生机构	4.7524	60.0316	25
CPQ3-2 社区内菜市场	1092.5451	65.9031	20
CPQ3-3 社区内邮政系统	553.4458	63.8914	18
CPQ3-4 社区内购买日常用品	283.9633	75.5534	18
CPQ3-5 社区内小孩入托	38.8950	60.3596	24
CPQ4 社区管理与服务	397.6142	72.3905	19
CPQ4-1 社区公共活动空间	168.3744	67.6439	18
CPQ4-2 社区车辆管理	0.0000	50.0000	13
CPQ4-3 社区清洁管理	229.2398	71.1108	17
CPQ4-4 社区安全管理	0.0000	50.0000	12
CPQ5 交通系统	17403.2095	62.7433	28
CPQ5-1 城市道路	334.4605	67.4871	11
(1) 主干道	270.0622	85.2901	11
CPQ5-2 公共交通线路	8273.7934	61.8900	22
(1) 公交车	1210.8915	60.7825	32
(2) 地铁	7062.9019	61.9988	19
CPQ5-3 自驾车在城区指定范围的停车管理	8794.9557	62.7274	29
(1) 自驾车	576.6791	68.9221	8
(2) 停车	7455.8239	63.0950	29
(3) 停车场	762.4527	60.8005	32

续表

城市高质量发展指标	大连市绩效值	百分制数值	排名
CPQ6 休闲和娱乐	216607.5514	72.5787	15
CPQ7 餐饮	36125.0485	63.2985	14
CPQ8 购物	348.1622	63.3322	28
CPQ9 公共事件	3677.1005	64.7700	16
CPQ10 个人职业发展	6699.3289	64.4262	15
CPQ11 市政管理和服务	108000.2658	64.5351	21
CPQ11-1 公共厕所	8710.4969	63.2574	24
CPQ11-2 基础教育	32237.3836	62.3229	19
CPQ11-3 城市绿化	65253.8981	67.0225	21
CPQ11-4 公园分布	174.9926	62.4588	16
CPQ11-5 关怀弱势群体	1623.4947	63.8122	16
CPQ12 空气质量	2339.7703	60.9522	21
CPQ13 政府官员勤政	10036.4620	65.9239	16
CPQ14 社会秩序与安全	1611.0294	62.7911	16
CPQ15 周围居民素养	478.4576	69.0469	7
CPQ15-1 居民热情	53.1594	82.4527	3
CPQ15-2 居民文明	425.2982	68.2041	9
CPQ15-3 居民友好	0.0000	50.0000	6
CPQ15-4 居民友爱	0.0000	50.0000	1
CPQ15-5 居民礼貌	0.0000	50.0000	1
ES 环境压力	24758.1857	67.0447	22
ES1 噪声	23115.5358	67.9348	17
ES2 空间拥挤	44.7850	60.9741	17
ES3 交通拥堵	1587.7853	62.7656	27
NVCPQ 城市产品质量净值	1891482.9497	66.0354	15
OV1 城市依恋	168.3941	61.1098	28
OV2 主观幸福感	191.9841	63.6933	22
OV3 居民生活质量	2094.1569	63.8520	17
OV4 主人翁意识	314.8928	61.8128	24

4.5　北京市城市高质量发展现状

北京市城市高质量发展现状见表 4-5-1。

表 4-5-1　北京市城市高质量发展现状

城市高质量发展指标	北京市绩效值	百分制数值	排名
MOC1 居民导向	32452.8442	100.0000	1
MOC2 竞争者导向	2578.7529	96.7514	2
CPQ1 宏观环境	9311484.9891	100.0000	1
CPQ1-1 天然景观	15584.7014	81.3084	6
CPQ1-2 地理位置	7873125.0696	100.0000	1
CPQ1-3 城市文化	1400873.8401	100.0000	1
CPQ1-4 人文景观	21901.3777	89.9433	3
CPQ2 城市设计和标志性建筑	22175.5359	100.0000	1
CPQ2-1 城市整体规划	17901.7208	100.0000	1
CPQ2-2 城市街区规划	4255.5833	100.0000	1
CPQ2-3 标志性建筑	18.2318	63.2820	7
CPQ3 社区基础设施	8640.4688	83.9208	4
CPQ3-1 社区医疗卫生机构	1625.8364	100.0000	1
CPQ3-2 社区内菜市场	2744.5450	74.8608	10
CPQ3-3 社区内邮政系统	3518.7785	84.7943	2
CPQ3-4 社区内购买日常用品	47.3879	62.3066	33
CPQ3-5 社区内小孩入托	703.9210	66.7105	12
CPQ4 社区管理与服务	998.0022	91.9785	3
CPQ4-1 社区公共活动空间	495.8137	84.2702	4
CPQ4-2 社区车辆管理	52.5430	99.7310	2
CPQ4-3 社区清洁管理	382.7391	78.6553	4
CPQ4-4 社区安全管理	66.9065	75.7180	3
CPQ5 交通系统	227107.7426	100.0000	1
CPQ5-1 城市道路	1772.8737	100.0000	1
（1）主干道	93.6923	68.5743	25
CPQ5-2 公共交通线路	113926.4695	88.1721	2
（1）公交车	43166.9149	100.0000	1

城市高质量发展指标	北京市绩效值	百分制数值	排名
（2）地铁	70759.5546	80.7610	4
CPQ5-3 自驾车在城区指定范围的停车管理	111408.3994	100.0000	1
（1）自驾车	489.1384	67.5665	10
（2）停车	84322.1619	100.0000	1
（3）停车场	26597.0990	100.0000	1
CPQ6 休闲和娱乐	671865.5477	100.0000	1
CPQ7 餐饮	398154.0142	100.0000	1
CPQ8 购物	436.1260	66.8645	26
CPQ9 公共事件	25545.2738	94.0809	2
CPQ10 个人职业发展	58366.6745	100.0000	1
CPQ11 市政管理和服务	856399.3178	100.0000	1
CPQ11-1 公共厕所	47572.1956	78.6712	5
CPQ11-2 基础教育	454268.7259	99.3407	2
CPQ11-3 城市绿化	343549.3221	100.0000	1
CPQ11-4 公园分布	2354.9115	93.6699	2
CPQ11-5 关怀弱势群体	8654.1628	80.8914	9
CPQ12 空气质量	39677.2389	77.3873	3
CPQ13 政府官员勤政	67497.9718	100.0000	1
CPQ14 社会秩序与安全	23075.2987	100.0000	1
CPQ15 周围居民素养	2107.8303	100.0000	1
CPQ15-1 居民热情	94.0417	100.0000	1
CPQ15-2 居民文明	2013.7886	99.0081	2
CPQ15-3 居民友好	0.0000	50.0000	6
CPQ15-4 居民友爱	0.0000	50.0000	1
CPQ15-5 居民礼貌	0.0000	50.0000	1
ES 环境压力	138976.3638	100.0000	1
ES1 噪声	115532.4676	100.0000	1
ES2 空间拥挤	1774.9062	100.0000	1
ES3 交通拥堵	21668.9901	100.0000	1
NVCPQ 城市产品质量净值	11574555.6685	100.0000	1
OV1 城市依恋	4393.0450	100.0000	1
OV2 主观幸福感	1537.7225	91.0930	3

续表

城市高质量发展指标	北京市绩效值	百分制数值	排名
OV3 居民生活质量	20927.7834	100.0000	1
OV4 主人翁意识	5928.4292	100.0000	1

4.6　天津市城市高质量发展现状

天津市城市高质量发展现状见表 4－6－1。

表 4－6－1　天津市城市高质量发展现状

城市高质量发展指标	天津市绩效值	百分制数值	排名
MOC1 居民导向	4804.6855	65.8584	12
MOC2 竞争者导向	557.3859	67.8835	15
CPQ1 宏观环境	4681367.0071	79.8044	5
CPQ1－1 天然景观	17070.6329	83.3754	5
CPQ1－2 地理位置	4089348.7155	80.4631	5
CPQ1－3 城市文化	566663.4323	75.9979	5
CPQ1－4 人文景观	8284.2269	68.0134	15
CPQ2 城市设计和标志性建筑	6841.0013	72.1329	2
CPQ2－1 城市整体规划	3899.6395	68.4606	3
CPQ2－2 城市街区规划	2859.5746	86.8294	2
CPQ2－3 标志性建筑	81.7872	92.4421	2
CPQ3 社区基础设施	7465.0343	80.6415	6
CPQ3－1 社区医疗卫生机构	738.2870	78.1171	3
CPQ3－2 社区内菜市场	4016.7982	81.7593	5
CPQ3－3 社区内邮政系统	1680.3097	71.8348	6
CPQ3－4 社区内购买日常用品	149.2431	68.0099	29
CPQ3－5 社区内小孩入托	880.3963	68.3958	10
CPQ4 社区管理与服务	531.5406	76.7599	11
CPQ4－1 社区公共活动空间	212.6592	69.8925	14
CPQ4－2 社区车辆管理	4.9147	60.0000	12
CPQ4－3 社区清洁管理	289.0936	74.0526	7
CPQ4－4 社区安全管理	24.8731	65.1961	9

城市高质量发展指标	天津市绩效值	百分制数值	排名
CPQ5 交通系统	119366.9097	80.8585	6
CPQ5-1 城市道路	304.1219	66.8013	16
（1）主干道	192.3549	77.9253	22
CPQ5-2 公共交通线路	64881.4988	75.9717	5
（1）公交车	6461.5937	65.6905	10
（2）地铁	58419.9051	77.1263	5
CPQ5-3 自驾车在城区指定范围的停车管理	54181.2891	79.2132	3
（1）自驾车	23.5755	60.3571	30
（2）停车	39265.2643	78.3673	3
（3）停车场	14892.4493	82.2402	3
CPQ6 休闲和娱乐	268680.0512	75.7151	12
CPQ7 餐饮	106555.3181	70.4385	7
CPQ8 购物	601.0034	73.4855	10
CPQ9 公共事件	10711.3423	74.1983	7
CPQ10 个人职业发展	17396.3876	71.7913	6
CPQ11 市政管理和服务	321394.3926	74.6474	7
CPQ11-1 公共厕所	31263.4935	72.2027	7
CPQ11-2 基础教育	196531.6000	76.7337	4
CPQ11-3 城市绿化	81747.4811	68.9770	14
CPQ11-4 公园分布	40.2619	60.5298	28
CPQ11-5 关怀弱势群体	11811.5562	88.5614	3
CPQ12 空气质量	6232.8496	62.6658	8
CPQ13 政府官员勤政	9649.8157	65.6946	17
CPQ14 社会秩序与安全	10339.6176	77.9224	4
CPQ15 周围居民素养	2067.8204	99.2399	2
CPQ15-1 居民热情	2.8798	60.8719	12
CPQ15-2 居民文明	2064.9406	100.0000	1
CPQ15-3 居民友好	0.0000	50.0000	6
CPQ15-4 居民友爱	0.0000	50.0000	1
CPQ15-5 居民礼貌	0.0000	50.0000	1
ES 环境压力	25282.8895	67.1961	20
ES1 噪声	15223.3726	65.1965	26

城市高质量发展指标	天津市绩效值	百分制数值	排名
ES2 空间拥挤	46.2889	61.0080	15
ES3 交通拥堵	10013.2280	78.3880	7
NVCPQ 城市产品质量净值	5543917.2019	78.8468	5
OV1 城市依恋	1778.3739	75.9306	3
OV2 主观幸福感	1144.7812	83.0926	4
OV3 居民生活质量	1438.5224	62.5936	23
OV4 主人翁意识	1304.0990	68.5421	6

4.7　石家庄市城市高质量发展现状

石家庄市城市高质量发展现状见表4-7-1。

表4-7-1　石家庄市城市高质量发展现状

城市高质量发展指标	石家庄市绩效值	百分制数值	排名
MOC1 居民导向	1624.0772	61.9308	26
MOC2 竞争者导向	285.8107	64.0050	26
CPQ1 宏观环境	472567.1178	61.4465	27
CPQ1-1 天然景观	1618.7553	61.8818	32
CPQ1-2 地理位置	393516.3442	61.3803	27
CPQ1-3 城市文化	71530.6636	61.7518	28
CPQ1-4 人文景观	5901.3547	64.1759	28
CPQ2 城市设计和标志性建筑	729.5427	61.0267	26
CPQ2-1 城市整体规划	656.2137	61.1549	22
CPQ2-2 城市街区规划	73.3290	60.5428	27
CPQ2-3 标志性建筑	0.0000	50.0000	10
CPQ3 社区基础设施	1193.3657	63.1443	29
CPQ3-1 社区医疗卫生机构	489.1192	71.9738	5
CPQ3-2 社区内菜市场	213.8686	61.1387	32
CPQ3-3 社区内邮政系统	14.1686	60.0900	33
CPQ3-4 社区内购买日常用品	464.7735	85.6777	6
CPQ3-5 社区内小孩入托	11.4359	60.0974	27

城市高质量发展指标	石家庄市绩效值	百分制数值	排名
CPQ4 社区管理与服务	289.1585	68.8521	27
CPQ4-1 社区公共活动空间	89.1535	63.6213	28
CPQ4-2 社区车辆管理	0.0000	50.0000	13
CPQ4-3 社区清洁管理	200.0050	69.6739	24
CPQ4-4 社区安全管理	0.0000	50.0000	12
CPQ5 交通系统	28355.0443	64.6890	20
CPQ5-1 城市道路	468.3487	70.5134	5
(1) 主干道	425.2675	100.0000	1
CPQ5-2 公共交通线路	12882.9097	63.0366	19
(1) 公交车	5950.8458	65.2131	14
(2) 地铁	6932.0639	61.9602	20
CPQ5-3 自驾车在城区指定范围的停车管理	15003.7859	64.9827	22
(1) 自驾车	839.9777	72.9994	4
(2) 停车	11938.5096	65.2472	24
(3) 停车场	2225.2987	63.0201	18
CPQ6 休闲和娱乐	102518.1296	65.7068	26
CPQ7 餐饮	6498.5023	60.2950	34
CPQ8 购物	440.6677	67.0469	25
CPQ9 公共事件	795.3683	60.9075	30
CPQ10 个人职业发展	3335.3995	62.1100	27
CPQ11 市政管理和服务	91670.3419	63.7613	23
CPQ11-1 公共厕所	6719.7655	62.4679	30
CPQ11-2 基础教育	26671.7366	61.8347	25
CPQ11-3 城市绿化	57288.2048	66.0786	27
CPQ11-4 公园分布	387.8844	65.5069	11
CPQ11-5 关怀弱势群体	602.7505	61.3325	23
CPQ12 空气质量	884.1991	60.3115	31
CPQ13 政府官员勤政	559.9094	60.3040	29
CPQ14 社会秩序与安全	211.8634	60.3656	28
CPQ15 周围居民素养	65.3110	61.1984	22
CPQ15-1 居民热情	0.0000	50.0000	17
CPQ15-2 居民文明	65.3110	61.2233	22

城市高质量发展指标	石家庄市绩效值	百分制数值	排名
CPQ15-3 居民友好	0.0000	50.0000	6
CPQ15-4 居民友爱	0.0000	50.0000	1
CPQ15-5 居民礼貌	0.0000	50.0000	1
ES 环境压力	20211.9514	65.7329	26
ES1 噪声	18686.7316	66.3982	24
ES2 空间拥挤	3.2176	60.0365	26
ES3 交通拥堵	1522.0022	62.6436	29
NVCPQ 城市产品质量净值	689901.9697	61.8207	27
OV1 城市依恋	84.0765	60.3337	32
OV2 主观幸福感	77.3101	61.3585	30
OV3 居民生活质量	1195.9134	62.1279	25
OV4 主人翁意识	180.5983	60.8992	29

4.8　太原市城市高质量发展现状

太原市城市高质量发展现状见表4-8-1。

表4-8-1　太原市城市高质量发展现状

城市高质量发展指标	太原市绩效值	百分制数值	排名
MOC1 居民导向	3292.3802	63.9910	18
MOC2 竞争者导向	264.2045	63.6965	29
CPQ1 宏观环境	432851.3672	61.2733	28
CPQ1-1 天然景观	2752.5379	63.4589	24
CPQ1-2 地理位置	360678.5640	61.2108	28
CPQ1-3 城市文化	62796.1218	61.5005	31
CPQ1-4 人文景观	6624.1435	65.3399	25
CPQ2 城市设计和标志性建筑	306.0531	60.2571	34
CPQ2-1 城市整体规划	276.8543	60.3004	33
CPQ2-2 城市街区规划	29.1988	60.1264	31
CPQ2-3 标志性建筑	0.0000	50.0000	10
CPQ3 社区基础设施	884.4277	62.2824	32

城市高质量发展指标	太原市绩效值	百分制数值	排名
CPQ3-1 社区医疗卫生机构	0.0000	50.0000	28
CPQ3-2 社区内菜市场	374.6795	62.0107	30
CPQ3-3 社区内邮政系统	99.0566	60.6884	29
CPQ3-4 社区内购买日常用品	374.2409	80.6084	10
CPQ3-5 社区内小孩入托	36.4507	60.3363	25
CPQ4 社区管理与服务	24.4832	60.2169	34
CPQ4-1 社区公共活动空间	24.4832	60.3376	34
CPQ4-2 社区车辆管理	0.0000	50.0000	13
CPQ4-3 社区清洁管理	0.0000	50.0000	34
CPQ4-4 社区安全管理	0.0000	50.0000	12
CPQ5 交通系统	26784.2682	64.4100	21
CPQ5-1 城市道路	340.7689	67.6296	10
（1）主干道	264.8363	84.7948	13
CPQ5-2 公共交通线路	7041.2370	61.5834	27
（1）公交车	1218.1184	60.7892	31
（2）地铁	5823.1186	61.6336	24
CPQ5-3 自驾车在城区指定范围的停车管理	19402.2623	66.5804	16
（1）自驾车	2583.6049	100.0000	1
（2）停车	13700.6336	66.0932	18
（3）停车场	3118.0238	64.3746	14
CPQ6 休闲和娱乐	53922.2117	62.7797	34
CPQ7 餐饮	8549.2080	60.5029	31
CPQ8 购物	265.1835	60.0000	35
CPQ9 公共事件	735.2838	60.8270	32
CPQ10 个人职业发展	2165.5913	61.3046	31
CPQ11 市政管理和服务	32105.9208	60.9387	34
CPQ11-1 公共厕所	5077.8627	61.8166	33
CPQ11-2 基础教育	12074.9226	61.0591	29
CPQ11-3 城市绿化	14608.8407	61.0212	34
CPQ11-4 公园分布	32.4895	60.4185	31
CPQ11-5 关怀弱势群体	311.8054	60.6257	32
CPQ12 空气质量	1180.8370	60.4420	29

城市高质量发展指标	太原市绩效值	百分制数值	排名
CPQ13 政府官员勤政	1275.5815	60.7284	24
CPQ14 社会秩序与安全	396.4584	60.6856	25
CPQ15 周围居民素养	101.1621	61.8794	17
CPQ15-1 居民热情	0.0000	50.0000	17
CPQ15-2 居民文明	101.1621	61.9185	17
CPQ15-3 居民友好	0.0000	50.0000	6
CPQ15-4 居民友爱	0.0000	50.0000	1
CPQ15-5 居民礼貌	0.0000	50.0000	1
ES 环境压力	25229.2140	67.1806	21
ES1 噪声	23052.4124	67.9129	18
ES2 空间拥挤	137.7447	63.0710	11
ES3 交通拥堵	2039.0569	63.6023	21
NVCPQ 城市产品质量净值	536318.8236	61.2820	30
OV1 城市依恋	1045.2416	69.1817	9
OV2 主观幸福感	371.2207	67.3426	15
OV3 居民生活质量	689.4456	61.1559	32
OV4 主人翁意识	132.8366	60.5743	30

4.9　呼和浩特市城市高质量发展现状

呼和浩特市城市高质量发展现状见表4-9-1。

表4-9-1　呼和浩特市城市高质量发展现状

城市高质量发展指标	呼和浩特市绩效值	百分制数值	排名
MOC1 居民导向	208.3055	60.1826	35
MOC2 竞争者导向	5.3732	60.0000	36
CPQ1 宏观环境	192929.2782	60.2268	35
CPQ1-1 天然景观	265.8897	60.0000	36
CPQ1-2 地理位置	153943.8001	60.1434	35
CPQ1-3 城市文化	35411.2305	60.7126	33
CPQ1-4 人文景观	3308.3579	60.0000	36

续表

城市高质量发展指标	呼和浩特市绩效值	百分制数值	排名
CPQ2 城市设计和标志性建筑	164.6046	60.0000	36
CPQ2－1 城市整体规划	143.4868	60.0000	36
CPQ2－2 城市街区规划	21.1177	60.0502	32
CPQ2－3 标志性建筑	0.0000	50.0000	10
CPQ3 社区基础设施	1729.7695	64.6408	24
CPQ3－1 社区医疗卫生机构	0.0000	50.0000	28
CPQ3－2 社区内菜市场	357.4232	61.9171	31
CPQ3－3 社区内邮政系统	861.8971	66.0657	10
CPQ3－4 社区内购买日常用品	510.4492	88.2352	4
CPQ3－5 社区内小孩入托	0.0000	50.0000	31
CPQ4 社区管理与服务	71.7971	61.7605	32
CPQ4－1 社区公共活动空间	33.7221	60.8067	31
CPQ4－2 社区车辆管理	34.8960	85.0101	7
CPQ4－3 社区清洁管理	3.1790	60.0000	31
CPQ4－4 社区安全管理	0.0000	50.0000	12
CPQ5 交通系统	22855.8899	63.7120	23
CPQ5－1 城市道路	45.3550	60.9523	34
（1）主干道	0.0000	50.0000	32
CPQ5－2 公共交通线路	8516.5584	61.9504	21
（1）公交车	3004.4383	62.4590	19
（2）地铁	5512.1200	61.5420	25
CPQ5－3 自驾车在城区指定范围的停车管理	14293.9766	64.7249	24
（1）自驾车	14.7549	60.2206	34
（2）停车	13012.5099	65.7629	21
（3）停车场	1266.7118	61.5656	27
CPQ6 休闲和娱乐	34741.2353	61.6244	35
CPQ7 餐饮	10418.2447	60.6924	29
CPQ8 购物	454.7575	67.6127	22
CPQ9 公共事件	736.5012	60.8286	31
CPQ10 个人职业发展	745.3386	60.3267	35
CPQ11 市政管理和服务	35793.8398	61.1134	33
CPQ11－1 公共厕所	9892.1358	63.7261	18

城市高质量发展指标	呼和浩特市绩效值	百分制数值	排名
CPQ11-2 基础教育	8943.7776	60.2797	32
CPQ11-3 城市绿化	16331.6053	61.2253	33
CPQ11-4 公园分布	12.1675	60.1275	33
CPQ11-5 关怀弱势群体	614.1537	61.3602	22
CPQ12 空气质量	756.4857	60.2553	33
CPQ13 政府官员勤政	510.9985	60.2750	31
CPQ14 社会秩序与安全	163.0104	60.2810	31
CPQ15 周围居民素养	39.3786	60.7057	25
CPQ15-1 居民热情	0.0000	50.0000	17
CPQ15-2 居民文明	39.3786	60.7204	23
CPQ15-3 居民友好	0.0000	50.0000	6
CPQ15-4 居民友爱	0.0000	50.0000	1
CPQ15-5 居民礼貌	0.0000	50.0000	1
ES 环境压力	2352.1416	60.5799	33
ES1 噪声	1715.5240	60.5098	33
ES2 空间拥挤	0.0000	50.0000	29
ES3 交通拥堵	636.6176	61.0019	32
NVCPQ 城市产品质量净值	299758.9878	60.4522	35
OV1 城市依恋	826.2759	67.1660	16
OV2 主观幸福感	35.5151	60.5075	34
OV3 居民生活质量	104.4621	60.0331	35
OV4 主人翁意识	96.8487	60.3295	32

4.10　西安市城市高质量发展现状

西安市城市高质量发展现状见表4-10-1。

表4-10-1　西安市城市高质量发展现状

城市高质量发展指标	西安市绩效值	百分制数值	排名
MOC1 居民导向	7636.1634	69.3549	8
MOC2 竞争者导向	564.7889	67.9892	14

城市高质量发展指标	西安市绩效值	百分制数值	排名
CPQ1 宏观环境	2547837.5916	70.4984	8
CPQ1-1 天然景观	13180.1654	77.9637	10
CPQ1-2 地理位置	2236698.2844	70.8973	7
CPQ1-3 城市文化	288046.2848	67.9814	12
CPQ1-4 人文景观	9912.8574	70.6363	12
CPQ2 城市设计和标志性建筑	1687.0579	62.7667	13
CPQ2-1 城市整体规划	1332.6512	62.6786	10
CPQ2-2 城市街区规划	354.4067	63.1946	15
CPQ2-3 标志性建筑	0.0000	50.0000	10
CPQ3 社区基础设施	6481.9903	77.8989	8
CPQ3-1 社区医疗卫生机构	111.1656	62.6552	14
CPQ3-2 社区内菜市场	2983.7846	76.1580	9
CPQ3-3 社区内邮政系统	2493.3359	77.5659	3
CPQ3-4 社区内购买日常用品	26.6753	61.1468	34
CPQ3-5 社区内小孩入托	867.0289	68.2681	11
CPQ4 社区管理与服务	562.2408	77.7615	10
CPQ4-1 社区公共活动空间	240.8026	71.3216	10
CPQ4-2 社区车辆管理	8.2587	62.7895	11
CPQ4-3 社区清洁管理	297.2653	74.4542	6
CPQ4-4 社区安全管理	15.9142	62.9535	10
CPQ5 交通系统	89882.7406	75.6202	7
CPQ5-1 城市道路	325.0613	67.2746	13
(1) 主干道	317.6398	89.7994	5
CPQ5-2 公共交通线路	52115.5853	72.7961	6
(1) 公交车	8567.7313	67.6591	8
(2) 地铁	43547.8540	72.7456	6
CPQ5-3 自驾车在城区指定范围的停车管理	37442.0941	73.1330	9
(1) 自驾车	146.4613	62.2601	17
(2) 停车	28116.9420	73.0148	9
(3) 停车场	9178.6908	73.5706	7
CPQ6 休闲和娱乐	261741.0574	75.2972	13
CPQ7 餐饮	64007.6820	66.1251	12

城市高质量发展指标	西安市绩效值	百分制数值	排名
CPQ8 购物	503.8178	69.5828	17
CPQ9 公共事件	6638.6954	68.7396	11
CPQ10 个人职业发展	12319.4147	68.2957	9
CPQ11 市政管理和服务	221958.6868	69.9353	11
CPQ11-1 公共厕所	8658.8566	63.2370	25
CPQ11-2 基础教育	93564.8553	67.7021	10
CPQ11-3 城市绿化	116521.3838	73.0976	9
CPQ11-4 公园分布	340.7828	64.8325	12
CPQ11-5 关怀弱势群体	2872.8083	66.8470	13
CPQ12 空气质量	5480.6037	62.3347	11
CPQ13 政府官员勤政	15027.2059	68.8835	10
CPQ14 社会秩序与安全	4665.1007	68.0854	7
CPQ15 周围居民素养	140.2311	62.6216	14
CPQ15-1 居民热情	0.0000	50.0000	17
CPQ15-2 居民文明	140.2311	62.6761	12
CPQ15-3 居民友好	0.0000	50.0000	6
CPQ15-4 居民友爱	0.0000	50.0000	1
CPQ15-5 居民礼貌	0.0000	50.0000	1
ES 环境压力	33569.8183	69.5871	11
ES1 噪声	23949.5699	68.2242	15
ES2 空间拥挤	137.9180	63.0749	10
ES3 交通拥堵	9482.3304	77.4036	9
NVCPQ 城市产品质量净值	3205364.2984	70.6440	8
OV1 城市依恋	370.9944	62.9749	22
OV2 主观幸福感	1005.3429	80.2536	5
OV3 居民生活质量	4469.4493	68.4110	9
OV4 主人翁意识	890.9332	65.7314	7

4.11 兰州市城市高质量发展现状

兰州市城市高质量发展现状见表 4−11−1。

表 4−11−1 兰州市城市高质量发展现状

城市高质量发展指标	兰州市绩效值	百分制数值	排名
MOC1 居民导向	2113.8858	62.5357	20
MOC2 竞争者导向	201.1058	62.7953	31
CPQ1 宏观环境	519090.4790	61.6495	26
CPQ1−1 天然景观	2434.0394	63.0159	27
CPQ1−2 地理位置	450080.8567	61.6724	26
CPQ1−3 城市文化	60343.6498	61.4299	32
CPQ1−4 人文景观	6231.9331	64.7083	27
CPQ2 城市设计和标志性建筑	771.0897	61.1022	24
CPQ2−1 城市整体规划	216.0147	60.1634	35
CPQ2−2 城市街区规划	555.0750	65.0878	13
CPQ2−3 标志性建筑	0.0000	50.0000	10
CPQ3 社区基础设施	1847.1617	64.9683	23
CPQ3−1 社区医疗卫生机构	0.0000	50.0000	28
CPQ3−2 社区内菜市场	1066.6435	65.7627	21
CPQ3−3 社区内邮政系统	368.3000	62.5863	22
CPQ3−4 社区内购买日常用品	322.1422	77.6912	15
CPQ3−5 社区内小孩入托	90.0760	60.8484	21
CPQ4 社区管理与服务	427.3216	73.3597	17
CPQ4−1 社区公共活动空间	106.4276	64.4984	22
CPQ4−2 社区车辆管理	0.0000	50.0000	13
CPQ4−3 社区清洁管理	320.8940	75.6156	5
CPQ4−4 社区安全管理	0.0000	50.0000	12
CPQ5 交通系统	21068.8062	63.3946	24
CPQ5−1 城市道路	197.0135	64.3803	25
（1）主干道	197.0135	78.3668	20
CPQ5−2 公共交通线路	4538.6588	60.9609	30
（1）公交车	2546.9399	62.0313	20

城市高质量发展指标	兰州市绩效值	百分制数值	排名
（2）地铁	1991.7189	60.5050	30
CPQ5-3 自驾车在城区指定范围的停车管理	16333.1339	65.4655	19
（1）自驾车	569.8023	68.8156	9
（2）停车	12786.0593	65.6541	23
（3）停车场	2977.2723	64.1611	15
CPQ6 休闲和娱乐	103223.8139	65.7493	25
CPQ7 餐饮	17411.5920	61.4014	24
CPQ8 购物	459.4925	67.8029	21
CPQ9 公共事件	1114.2500	61.3349	25
CPQ10 个人职业发展	3718.5097	62.3738	26
CPQ11 市政管理和服务	109144.5697	64.5893	19
CPQ11-1 公共厕所	9027.7029	63.3833	20
CPQ11-2 基础教育	36891.2309	62.7311	17
CPQ11-3 城市绿化	62689.8661	66.7187	23
CPQ11-4 公园分布	3.2607	60.0000	35
CPQ11-5 关怀弱势群体	532.5091	61.1619	26
CPQ12 空气质量	1489.3143	60.5778	28
CPQ13 政府官员勤政	2193.8432	61.2730	21
CPQ14 社会秩序与安全	242.1124	60.4181	27
CPQ15 周围居民素养	345.7451	66.5258	11
CPQ15-1 居民热情	2.4829	60.7016	15
CPQ15-2 居民文明	343.2622	66.6133	11
CPQ15-3 居民友好	0.0000	50.0000	6
CPQ15-4 居民友爱	0.0000	50.0000	1
CPQ15-5 居民礼貌	0.0000	50.0000	1
ES 环境压力	37605.6570	70.7515	10
ES1 噪声	35027.8571	72.0679	8
ES2 空间拥挤	17.7332	60.3639	20
ES3 交通拥堵	2560.0667	64.5684	18
NVCPQ 城市产品质量净值	744942.4440	62.0138	25
OV1 城市依恋	906.1724	67.9015	13
OV2 主观幸福感	159.4635	63.0311	27

城市高质量发展指标	兰州市绩效值	百分制数值	排名
OV3 居民生活质量	1004.7674	61.7611	29
OV4 主人翁意识	469.4301	62.8641	14

4.12 西宁市城市高质量发展现状

西宁市城市高质量发展现状见表 4-12-1。

表 4-12-1 西宁市城市高质量发展现状

城市高质量发展指标	西宁市绩效值	百分制数值	排名
MOC1 居民导向	799.6056	60.9127	34
MOC2 竞争者导向	192.3914	62.6709	32
CPQ1 宏观环境	206384.0534	60.2855	34
CPQ1-1 天然景观	848.2963	60.8101	33
CPQ1-2 地理位置	182183.0378	60.2892	34
CPQ1-3 城市文化	18191.2590	60.2171	35
CPQ1-4 人文景观	5161.4603	62.9843	31
CPQ2 城市设计和标志性建筑	370.2732	60.3738	33
CPQ2-1 城市整体规划	370.2732	60.5108	32
CPQ2-2 城市街区规划	0.0000	50.0000	35
CPQ2-3 标志性建筑	0.0000	50.0000	10
CPQ3 社区基础设施	753.4247	61.9169	34
CPQ3-1 社区医疗卫生机构	0.0000	50.0000	28
CPQ3-2 社区内菜市场	3.8673	60.0000	36
CPQ3-3 社区内邮政系统	29.0007	60.1946	32
CPQ3-4 社区内购买日常用品	720.5567	100.0000	1
CPQ3-5 社区内小孩入托	0.0000	50.0000	31
CPQ4 社区管理与服务	328.2615	70.1278	24
CPQ4-1 社区公共活动空间	98.5337	64.0976	25
CPQ4-2 社区车辆管理	31.0045	81.7638	8
CPQ4-3 社区清洁管理	198.7233	69.6109	26
CPQ4-4 社区安全管理	0.0000	50.0000	12

城市高质量发展指标	西宁市绩效值	百分制数值	排名
CPQ5 交通系统	5726.4263	60.6688	35
CPQ5-1 城市道路	850.8037	79.1581	3
（1）主干道	0.0000	50.0000	32
CPQ5-2 公共交通线路	1729.6919	60.2621	34
（1）公交车	720.0805	60.3237	35
（2）地铁	1009.6115	60.2157	33
CPQ5-3 自驾车在城区指定范围的停车管理	3145.9306	60.6755	35
（1）自驾车	1.6801	60.0181	35
（2）停车	2723.8147	60.8231	35
（3）停车场	420.4358	60.2815	34
CPQ6 休闲和娱乐	71977.3378	63.8673	31
CPQ7 餐饮	7665.4712	60.4133	32
CPQ8 购物	543.3649	71.1709	14
CPQ9 公共事件	295.7591	60.2378	34
CPQ10 个人职业发展	1579.1273	60.9008	33
CPQ11 市政管理和服务	60297.8613	62.2746	30
CPQ11-1 公共厕所	1727.6613	60.4878	35
CPQ11-2 基础教育	5806.1651	60.0045	35
CPQ11-3 城市绿化	52481.7693	65.5090	28
CPQ11-4 公园分布	130.0973	61.8160	18
CPQ11-5 关怀弱势群体	152.1683	60.2380	35
CPQ12 空气质量	301.8536	60.0551	34
CPQ13 政府官员勤政	313.4995	60.1579	35
CPQ14 社会秩序与安全	134.6974	60.2319	32
CPQ15 周围居民素养	0.0000	50.0000	31
CPQ15-1 居民热情	0.0000	50.0000	17
CPQ15-2 居民文明	0.0000	50.0000	29
CPQ15-3 居民友好	0.0000	50.0000	6
CPQ15-4 居民友爱	0.0000	50.0000	1
CPQ15-5 居民礼貌	0.0000	50.0000	1
ES 环境压力	979.6290	60.1838	35
ES1 噪声	588.8721	60.1189	35

城市高质量发展指标	西宁市绩效值	百分制数值	排名
ES2 空间拥挤	10.7366	60.2061	23
ES3 交通拥堵	380.0204	60.5261	35
NVCPQ 城市产品质量净值	355691.7821	60.6484	34
OV1 城市依恋	953.9249	68.3411	11
OV2 主观幸福感	121.1734	62.2515	29
OV3 居民生活质量	905.6716	61.5709	30
OV4 主人翁意识	88.3937	60.2720	34

4.13 银川市城市高质量发展现状

银川市城市高质量发展现状见表 4-13-1。

表 4-13-1 银川市城市高质量发展现状

城市高质量发展指标	银川市绩效值	百分制数值	排名
MOC1 居民导向	1013.1201	61.1764	29
MOC2 竞争者导向	229.7708	63.2047	30
CPQ1 宏观环境	241667.1396	60.4394	33
CPQ1-1 天然景观	385.3383	60.1662	35
CPQ1-2 地理位置	213197.3978	60.4493	33
CPQ1-3 城市文化	23423.7002	60.3676	34
CPQ1-4 人文景观	4660.7033	62.1779	32
CPQ2 城市设计和标志性建筑	264.3755	60.1813	35
CPQ2-1 城市整体规划	264.3755	60.2723	34
CPQ2-2 城市街区规划	0.0000	50.0000	35
CPQ2-3 标志性建筑	0.0000	50.0000	10
CPQ3 社区基础设施	968.6127	62.5173	30
CPQ3-1 社区医疗卫生机构	36.0508	60.8032	18
CPQ3-2 社区内菜市场	375.4048	62.0146	29
CPQ3-3 社区内邮政系统	134.7636	60.9401	25
CPQ3-4 社区内购买日常用品	421.1557	83.2353	8

城市高质量发展指标	银川市绩效值	百分制数值	排名
CPQ3-5 社区内小孩入托	1.2378	60.0000	30
CPQ4 社区管理与服务	273.4469	68.3395	29
CPQ4-1 社区公共活动空间	73.4725	62.8251	30
CPQ4-2 社区车辆管理	0.0000	50.0000	13
CPQ4-3 社区清洁管理	199.9744	69.6724	25
CPQ4-4 社区安全管理	0.0000	50.0000	12
CPQ5 交通系统	8726.1843	61.2017	34
CPQ5-1 城市道路	3.2238	60.0000	35
（1）主干道	3.2238	60.0000	31
CPQ5-2 公共交通线路	1936.9716	60.3137	33
（1）公交车	879.0247	60.4723	33
（2）地铁	1057.9469	60.2300	32
CPQ5-3 自驾车在城区指定范围的停车管理	6785.9889	61.9977	33
（1）自驾车	17.5568	60.2639	32
（2）停车	5792.8193	62.2965	33
（3）停车场	975.6128	61.1239	31
CPQ6 休闲和娱乐	79790.8488	64.3379	27
CPQ7 餐饮	3588.4563	60.0000	36
CPQ8 购物	490.6961	69.0559	18
CPQ9 公共事件	118.3091	60.0000	36
CPQ10 个人职业发展	1324.9936	60.7258	34
CPQ11 市政管理和服务	85169.6860	63.4532	25
CPQ11-1 公共厕所	3252.7429	61.0927	34
CPQ11-2 基础教育	9456.7097	60.3247	31
CPQ11-3 城市绿化	72190.4517	67.8445	17
CPQ11-4 公园分布	8.0571	60.0687	34
CPQ11-5 关怀弱势群体	261.7246	60.5041	34
CPQ12 空气质量	268.6537	60.0405	35
CPQ13 政府官员勤政	347.3215	60.1779	34
CPQ14 社会秩序与安全	90.2432	60.1548	33
CPQ15 周围居民素养	0.0000	50.0000	31
CPQ15-1 居民热情	0.0000	50.0000	17

城市高质量发展指标	银川市绩效值	百分制数值	排名
CPQ15-2 居民文明	0.0000	50.0000	29
CPQ15-3 居民友好	0.0000	50.0000	6
CPQ15-4 居民友爱	0.0000	50.0000	1
CPQ15-5 居民礼貌	0.0000	50.0000	1
ES 环境压力	1491.9969	60.3317	34
ES1 噪声	1023.2144	60.2696	34
ES2 空间拥挤	0.0000	50.0000	29
ES3 交通拥堵	468.7826	60.6907	34
NVCPQ 城市产品质量净值	421596.9704	60.8796	33
OV1 城市依恋	844.6110	67.3348	15
OV2 主观幸福感	10.5891	60.0000	36
OV3 居民生活质量	689.0515	61.1551	33
OV4 主人翁意识	112.3063	60.4347	31

4.14 乌鲁木齐市城市高质量发展现状

乌鲁木齐市城市高质量发展现状见表 4-14-1。

表 4-14-1 乌鲁木齐市城市高质量发展现状

城市高质量发展指标	乌鲁木齐市绩效值	百分制数值	排名
MOC1 居民导向	60.4664	60.0000	36
MOC2 竞争者导向	47.7105	60.6046	35
CPQ1 宏观环境	140929.8196	60.0000	36
CPQ1-1 天然景观	610.6447	60.4796	34
CPQ1-2 地理位置	126180.4562	60.0000	36
CPQ1-3 城市文化	10645.9939	60.0000	36
CPQ1-4 人文景观	3492.7248	60.2969	35
CPQ2 城市设计和标志性建筑	1055.3155	61.6187	16
CPQ2-1 城市整体规划	957.7874	61.8342	16
CPQ2-2 城市街区规划	97.5281	60.7711	25
CPQ2-3 标志性建筑	0.0000	50.0000	10

城市高质量发展指标	乌鲁木齐市绩效值	百分制数值	排名
CPQ3 社区基础设施	66.3186	60.0000	36
CPQ3-1 社区医疗卫生机构	0.0000	50.0000	28
CPQ3-2 社区内菜市场	57.3408	60.2899	35
CPQ3-3 社区内邮政系统	8.9778	60.0534	35
CPQ3-4 社区内购买日常用品	0.0000	50.0000	36
CPQ3-5 社区内小孩入托	0.0000	50.0000	31
CPQ4 社区管理与服务	0.0000	50.0000	36
CPQ4-1 社区公共活动空间	0.0000	50.0000	36
CPQ4-2 社区车辆管理	0.0000	50.0000	13
CPQ4-3 社区清洁管理	0.0000	50.0000	36
CPQ4-4 社区安全管理	0.0000	50.0000	12
CPQ5 交通系统	1962.0946	60.0000	36
CPQ5-1 城市道路	0.0000	50.0000	36
（1）主干道	0.0000	50.0000	32
CPQ5-2 公共交通线路	675.9108	60.0000	36
（1）公交车	373.7693	60.0000	36
（2）地铁	302.1415	60.0073	35
CPQ5-3 自驾车在城区指定范围的停车管理	1286.1838	60.0000	36
（1）自驾车	41.7359	60.6384	28
（2）停车	1009.5419	60.0000	36
（3）停车场	234.9060	60.0000	36
CPQ6 休闲和娱乐	7771.9142	60.0000	36
CPQ7 餐饮	6183.0293	60.2630	35
CPQ8 购物	0.0000	50.0000	36
CPQ9 公共事件	373.4193	60.3419	33
CPQ10 个人职业发展	270.7962	60.0000	36
CPQ11 市政管理和服务	12297.6729	60.0000	36
CPQ11-1 公共厕所	497.7340	60.0000	36
CPQ11-2 基础教育	5754.4841	60.5047	36
CPQ11-3 城市绿化	5991.2398	60.0000	36
CPQ11-4 公园分布	0.0000	50.0000	36
CPQ11-5 关怀弱势群体	54.2150	60.0000	36

城市高质量发展指标	乌鲁木齐市绩效值	百分制数值	排名
CPQ12 空气质量	176.5879	60.0000	36
CPQ13 政府官员勤政	47.2513	60.0000	36
CPQ14 社会秩序与安全	0.9357	60.0000	36
CPQ15 周围居民素养	42.3669	60.7625	24
CPQ15-1 居民热情	42.3669	77.8204	4
CPQ15-2 居民文明	0.0000	50.0000	29
CPQ15-3 居民友好	0.0000	50.0000	6
CPQ15-4 居民友爱	0.0000	50.0000	1
CPQ15-5 居民礼貌	0.0000	50.0000	1
ES 环境压力	342.4372	60.0000	36
ES1 噪声	246.1770	60.0000	36
ES2 空间拥挤	0.0000	50.0000	29
ES3 交通拥堵	96.2601	60.0000	36
NVCPQ 城市产品质量净值	170835.0849	60.0000	36
OV1 城市依恋	0.0000	50.0000	36
OV2 主观幸福感	72.5974	61.2625	31
OV3 居民生活质量	87.2242	60.0000	36
OV4 主人翁意识	48.4109	60.0000	36

4.15 郑州市城市高质量发展现状

郑州市城市高质量发展现状见表 4-15-1。

表 4-15-1 郑州市城市高质量发展现状

城市高质量发展指标	郑州市绩效值	百分制数值	排名
MOC1 居民导向	4529.8960	65.5191	15
MOC2 竞争者导向	319.1687	64.4814	24
CPQ1 宏观环境	1083111.3845	64.1096	16
CPQ1-1 天然景观	6227.6377	68.2928	18
CPQ1-2 地理位置	916689.2294	64.0817	16
CPQ1-3 城市文化	149099.6838	63.9836	21

城市高质量发展指标	郑州市绩效值	百分制数值	排名
CPQ1-4 人文景观	11094.8336	72.5398	9
CPQ2 城市设计和标志性建筑	1023.7748	61.5614	18
CPQ2-1 城市整体规划	650.4502	61.1419	23
CPQ2-2 城市街区规划	319.8556	62.8686	16
CPQ2-3 标志性建筑	53.4689	79.4492	4
CPQ3 社区基础设施	3370.1085	69.2172	16
CPQ3-1 社区医疗卫生机构	57.4750	61.3315	16
CPQ3-2 社区内菜市场	1703.1358	69.2139	15
CPQ3-3 社区内邮政系统	651.5657	64.5831	15
CPQ3-4 社区内购买日常用品	6.1942	60.0000	35
CPQ3-5 社区内小孩入托	951.7377	69.0771	9
CPQ4 社区管理与服务	1064.0339	94.1328	2
CPQ4-1 社区公共活动空间	203.0981	69.4071	16
CPQ4-2 社区车辆管理	43.9162	92.5346	6
CPQ4-3 社区清洁管理	817.0195	100.0000	1
CPQ4-4 社区安全管理	0.0000	50.0000	12
CPQ5 交通系统	53216.9565	69.1061	13
CPQ5-1 城市道路	358.3584	68.0272	9
（1）主干道	276.6606	85.9155	9
CPQ5-2 公共交通线路	31830.6935	67.7500	12
（1）公交车	3480.5218	62.9040	18
（2）地铁	28350.1717	68.2690	12
CPQ5-3 自驾车在城区指定范围的停车管理	21027.9046	67.1708	14
（1）自驾车	15.0062	60.2244	33
（2）停车	17358.0957	67.8493	15
（3）停车场	3654.8027	65.1891	13
CPQ6 休闲和娱乐	170811.7458	69.8203	17
CPQ7 餐饮	21736.5845	61.8398	19
CPQ8 购物	271.7445	60.2635	34
CPQ9 公共事件	4082.5838	65.3135	15
CPQ10 个人职业发展	5008.2705	63.2618	21
CPQ11 市政管理和服务	133782.6656	65.7569	15

城市高质量发展指标	郑州市绩效值	百分制数值	排名
CPQ11-1 公共厕所	8546.9772	63.1926	26
CPQ11-2 基础教育	42420.6331	63.2161	15
CPQ11-3 城市绿化	79895.1325	68.7575	15
CPQ11-4 公园分布	59.9375	60.8115	23
CPQ11-5 关怀弱势群体	2859.9853	66.8159	14
CPQ12 空气质量	1619.2650	60.6350	26
CPQ13 政府官员勤政	10514.3394	66.2073	15
CPQ14 社会秩序与安全	1159.6867	62.0087	19
CPQ15 周围居民素养	433.0071	68.1835	9
CPQ15-1 居民热情	0.0000	50.0000	17
CPQ15-2 居民文明	433.0071	68.3536	8
CPQ15-3 居民友好	0.0000	50.0000	6
CPQ15-4 居民友爱	0.0000	50.0000	1
CPQ15-5 居民礼貌	0.0000	50.0000	1
ES 环境压力	14779.1842	64.1654	29
ES1 噪声	12355.5183	64.2015	28
ES2 空间拥挤	3.1602	60.0352	27
ES3 交通拥堵	2410.1414	64.2904	20
NVCPQ 城市产品质量净值	1476437.3313	64.5796	16
OV1 城市依恋	110.5974	60.5778	30
OV2 主观幸福感	215.0229	64.1623	20
OV3 居民生活质量	1518.6948	62.7475	20
OV4 主人翁意识	340.3846	61.9862	22

4.16 武汉市城市高质量发展现状

武汉市城市高质量发展现状见表 4-16-1。

表 4-16-1 武汉市城市高质量发展现状

城市高质量发展指标	武汉市绩效值	百分制数值	排名
MOC1 居民导向	6154.7497	67.5256	10
MOC2 竞争者导向	1254.9667	77.8459	6

城市高质量发展指标	武汉市绩效值	百分制数值	排名
CPQ1 宏观环境	1914278.6455	67.7350	10
CPQ1-1 天然景观	13402.7338	78.2733	9
CPQ1-2 地理位置	1575697.1883	67.4843	9
CPQ1-3 城市文化	311405.2784	68.6535	10
CPQ1-4 人文景观	13773.4453	76.8536	6
CPQ2 城市设计和标志性建筑	2300.8410	63.8821	10
CPQ2-1 城市整体规划	1299.6578	62.6042	11
CPQ2-2 城市街区规划	963.3292	68.9394	5
CPQ2-3 标志性建筑	37.8540	72.2849	5
CPQ3 社区基础设施	5766.5199	75.9028	10
CPQ3-1 社区医疗卫生机构	973.2497	83.9102	2
CPQ3-2 社区内菜市场	3221.8884	77.4491	8
CPQ3-3 社区内邮政系统	664.2617	64.6726	14
CPQ3-4 社区内购买日常用品	334.9817	78.4101	13
CPQ3-5 社区内小孩入托	572.1384	65.4520	15
CPQ4 社区管理与服务	698.7727	82.2159	8
CPQ4-1 社区公共活动空间	334.6459	76.0866	8
CPQ4-2 社区车辆管理	51.3078	98.7006	4
CPQ4-3 社区清洁管理	282.8158	73.7441	8
CPQ4-4 社区安全管理	30.0032	66.4803	7
CPQ5 交通系统	82369.3336	74.2854	11
CPQ5-1 城市道路	70.5981	61.5229	30
（1）主干道	16.6428	61.2718	28
CPQ5-2 公共交通线路	49199.4293	72.0706	8
（1）公交车	7128.2371	66.3136	9
（2）地铁	42071.1921	72.3106	7
CPQ5-3 自驾车在城区指定范围的停车管理	33099.3062	71.5556	12
（1）自驾车	87.3046	61.3440	20
（2）停车	25851.1859	71.9270	13
（3）停车场	7160.8157	70.5089	11
CPQ6 休闲和娱乐	283948.4952	76.6348	9
CPQ7 餐饮	86632.7184	68.4188	10

城市高质量发展指标	武汉市绩效值	百分制数值	排名
CPQ8 购物	488.3014	68.9597	19
CPQ9 公共事件	6896.9131	69.0857	10
CPQ10 个人职业发展	14843.8623	70.0338	7
CPQ11 市政管理和服务	371512.6015	77.0224	5
CPQ11-1 公共厕所	84370.6850	93.2666	2
CPQ11-2 基础教育	143517.9430	72.0837	6
CPQ11-3 城市绿化	133747.5693	75.1389	7
CPQ11-4 公园分布	57.6634	60.7789	24
CPQ11-5 关怀弱势群体	9818.7408	83.7204	6
CPQ12 空气质量	75394.7764	93.1093	2
CPQ13 政府官员勤政	17587.9798	70.4021	7
CPQ14 社会秩序与安全	6045.9952	70.4793	6
CPQ15 周围居民素养	47.3897	60.8579	23
CPQ15-1 居民热情	30.2014	72.5988	5
CPQ15-2 居民文明	0.0000	50.0000	29
CPQ15-3 居民友好	0.0000	50.0000	6
CPQ15-4 居民友爱	0.0000	50.0000	1
CPQ15-5 居民礼貌	0.0000	50.0000	1
ES 环境压力	30403.4183	68.6735	15
ES1 噪声	19837.4187	66.7974	23
ES2 空间拥挤	826.8423	78.6148	2
ES3 交通拥堵	9739.1573	77.8798	8
NVCPQ 城市产品质量净值	2838409.7275	69.3569	9
OV1 城市依恋	350.7567	62.7886	23
OV2 主观幸福感	616.9749	72.3462	8
OV3 居民生活质量	5188.1124	69.7903	7
OV4 主人翁意识	624.8525	63.9214	10

4.17　长沙市城市高质量发展现状

长沙市城市高质量发展现状见表 4-17-1。

表 4-17-1　长沙市城市高质量发展现状

城市高质量发展指标	长沙市绩效值	百分制数值	排名
MOC1 居民导向	7039.8411	68.6185	9
MOC2 竞争者导向	1223.7601	77.4002	7
CPQ1 宏观环境	1409087.4316	65.5314	14
CPQ1-1 天然景观	12251.0729	76.6714	12
CPQ1-2 地理位置	1102401.6404	65.0405	14
CPQ1-3 城市文化	280904.5799	67.7760	13
CPQ1-4 人文景观	13530.1388	76.4618	7
CPQ2 城市设计和标志性建筑	2592.9028	64.4129	9
CPQ2-1 城市整体规划	1707.8003	63.5236	9
CPQ2-2 城市街区规划	885.1026	68.2014	8
CPQ2-3 标志性建筑	0.0000	50.0000	10
CPQ3 社区基础设施	9081.5517	85.1514	3
CPQ3-1 社区医疗卫生机构	253.9558	66.1758	7
CPQ3-2 社区内菜市场	4986.9645	87.0198	3
CPQ3-3 社区内邮政系统	631.2673	64.4400	16
CPQ3-4 社区内购买日常用品	174.2286	69.4089	24
CPQ3-5 社区内小孩入托	3035.1356	88.9732	2
CPQ4 社区管理与服务	473.2035	74.8566	15
CPQ4-1 社区公共活动空间	207.6796	69.6397	15
CPQ4-2 社区车辆管理	0.0000	50.0000	13
CPQ4-3 社区清洁管理	265.5239	72.8942	10
CPQ4-4 社区安全管理	0.0000	50.0000	12
CPQ5 交通系统	29663.4049	64.9215	19
CPQ5-1 城市道路	322.7763	67.2230	15
（1）主干道	318.5471	89.8854	4
CPQ5-2 公共交通线路	12951.7468	63.0537	18
（1）公交车	1823.1888	61.3548	23

城市高质量发展指标	长沙市绩效值	百分制数值	排名
（2）地铁	11128.5580	63.1963	17
CPQ5-3 自驾车在城区指定范围的停车管理	16388.8818	65.4858	18
（1）自驾车	316.8755	64.8990	11
（2）停车	14028.6500	66.2507	17
（3）停车场	2043.3563	62.7440	21
CPQ6 休闲和娱乐	286292.8940	76.7760	8
CPQ7 餐饮	60698.7098	65.7897	13
CPQ8 购物	283.7036	60.7437	32
CPQ9 公共事件	5027.3471	66.5798	12
CPQ10 个人职业发展	10309.6861	66.9119	11
CPQ11 市政管理和服务	241752.1553	70.8733	10
CPQ11-1 公共厕所	70283.8889	87.6794	3
CPQ11-2 基础教育	78970.7232	66.4220	12
CPQ11-3 城市绿化	88502.7741	69.7775	12
CPQ11-4 公园分布	404.4661	65.7443	10
CPQ11-5 关怀弱势群体	3590.3030	68.5900	12
CPQ12 空气质量	1807.9377	60.7181	24
CPQ13 政府官员勤政	20225.8553	71.9664	5
CPQ14 社会秩序与安全	2331.9091	64.0408	12
CPQ15 周围居民素养	38.9692	60.6979	26
CPQ15-1 居民热情	8.1221	63.1220	8
CPQ15-2 居民文明	30.8470	60.5550	24
CPQ15-3 居民友好	0.0000	50.0000	6
CPQ15-4 居民友爱	0.0000	50.0000	1
CPQ15-5 居民礼貌	0.0000	50.0000	1
ES 环境压力	21107.9813	65.9915	25
ES1 噪声	17758.6393	66.0762	25
ES2 空间拥挤	58.6042	61.2858	14
ES3 交通拥堵	3290.7378	65.9232	14
NVCPQ 城市产品质量净值	2058559.6803	66.6214	12
OV1 城市依恋	324.0820	62.5430	25
OV2 主观幸福感	341.4037	66.7355	17

城市高质量发展指标	长沙市绩效值	百分制数值	排名
OV3 居民生活质量	3669.6345	66.8758	10
OV4 主人翁意识	376.3452	62.2308	18

4.18　济南市城市高质量发展现状

济南市城市高质量发展现状见表 4-18-1。

表 4-18-1　济南市城市高质量发展现状

城市高质量发展指标	济南市绩效值	百分制数值	排名
MOC1 居民导向	1634.0750	61.9432	25
MOC2 竞争者导向	269.6383	63.7741	28
CPQ1 宏观环境	918253.3799	63.3905	19
CPQ1-1 天然景观	3178.2250	64.0511	23
CPQ1-2 地理位置	758096.2986	63.2628	19
CPQ1-3 城市文化	149672.3361	64.0001	20
CPQ1-4 人文景观	7306.5202	66.4389	23
CPQ2 城市设计和标志性建筑	695.9210	60.9656	27
CPQ2-1 城市整体规划	529.9880	60.8706	28
CPQ2-2 城市街区规划	165.9330	61.4164	20
CPQ2-3 标志性建筑	0.0000	50.0000	10
CPQ3 社区基础设施	1907.9901	65.1380	22
CPQ3-1 社区医疗卫生机构	69.0067	61.6158	15
CPQ3-2 社区内菜市场	969.9279	65.2383	22
CPQ3-3 社区内邮政系统	394.0930	62.7681	21
CPQ3-4 社区内购买日常用品	330.6636	78.1683	14
CPQ3-5 社区内小孩入托	144.2988	61.3662	20
CPQ4 社区管理与服务	327.8688	70.1150	25
CPQ4-1 社区公共活动空间	100.4561	64.1952	24
CPQ4-2 社区车辆管理	0.0000	50.0000	13
CPQ4-3 社区清洁管理	227.4127	71.0210	19
CPQ4-4 社区安全管理	0.0000	50.0000	12

城市高质量发展指标	济南市绩效值	百分制数值	排名
CPQ5 交通系统	14495.0453	62.2266	30
CPQ5-1 城市道路	65.5449	61.4087	31
(1) 主干道	0.0000	50.0000	32
CPQ5-2 公共交通线路	7418.9902	61.6774	25
(1) 公交车	3802.5794	63.2050	17
(2) 地铁	3616.4108	60.9836	27
CPQ5-3 自驾车在城区指定范围的停车管理	7010.5102	62.0793	31
(1) 自驾车	57.0064	60.8748	25
(2) 停车	5836.0144	62.3173	32
(3) 停车场	1117.4894	61.3392	29
CPQ6 休闲和娱乐	114804.3865	66.4468	22
CPQ7 餐饮	14939.5441	61.1507	26
CPQ8 购物	450.3601	67.4361	23
CPQ9 公共事件	3079.6940	63.9693	19
CPQ10 个人职业发展	5758.3985	63.7783	17
CPQ11 市政管理和服务	102009.9859	64.2513	22
CPQ11-1 公共厕所	10169.0839	63.8360	17
CPQ11-2 基础教育	29147.3383	62.0519	23
CPQ11-3 城市绿化	61894.1618	66.6244	25
CPQ11-4 公园分布	69.1518	60.9434	22
CPQ11-5 关怀弱势群体	730.2502	61.6423	20
CPQ12 空气质量	1505.8328	60.5851	27
CPQ13 政府官员勤政	1888.9749	61.0922	22
CPQ14 社会秩序与安全	1028.8963	61.7820	21
CPQ15 周围居民素养	1040.2903	79.7200	4
CPQ15-1 居民热情	2.5128	60.7144	13
CPQ15-2 居民文明	1037.7775	80.0813	4
CPQ15-3 居民友好	0.0000	50.0000	6
CPQ15-4 居民友爱	0.0000	50.0000	1
CPQ15-5 居民礼貌	0.0000	50.0000	1
ES 环境压力	33048.9642	69.4368	12
ES1 噪声	30396.7748	70.4611	10

城市高质量发展指标	济南市绩效值	百分制数值	排名
ES2 空间拥挤	45.9951	61.0014	16
ES3 交通拥堵	2606.1943	64.6539	17
NVCPQ 城市产品质量净值	1149137.6043	63.4315	20
OV1 城市依恋	178.4433	61.2023	27
OV2 主观幸福感	230.7410	64.4824	19
OV3 居民生活质量	1417.5468	62.5533	24
OV4 主人翁意识	440.1234	62.6647	16

4.19　青岛市城市高质量发展现状

青岛市城市高质量发展现状见表 4-19-1。

表 4-19-1　青岛市城市高质量发展现状

城市高质量发展指标	青岛市绩效值	百分制数值	排名
MOC1 居民导向	4744.0114	65.7835	13
MOC2 竞争者导向	739.7897	70.4885	11
CPQ1 宏观环境	1545396.1050	66.1260	12
CPQ1-1 天然景观	6235.2455	68.3034	17
CPQ1-2 地理位置	1267608.3509	65.8936	12
CPQ1-3 城市文化	263622.8805	67.2787	14
CPQ1-4 人文景观	7929.6280	67.4424	18
CPQ2 城市设计和标志性建筑	1370.9459	62.1923	15
CPQ2-1 城市整体规划	898.9520	61.7017	17
CPQ2-2 城市街区规划	471.9939	64.3039	14
CPQ2-3 标志性建筑	0.0000	50.0000	10
CPQ3 社区基础设施	3231.5884	68.8307	18
CPQ3-1 社区医疗卫生机构	207.0026	65.0181	10
CPQ3-2 社区内菜市场	1535.4235	68.3045	17
CPQ3-3 社区内邮政系统	823.4136	65.7945	11
CPQ3-4 社区内购买日常用品	273.3785	74.9607	19
CPQ3-5 社区内小孩入托	392.3701	63.7352	18

城市高质量发展指标	青岛市绩效值	百分制数值	排名
CPQ4 社区管理与服务	475.5976	74.9347	14
CPQ4-1 社区公共活动空间	229.9877	70.7724	12
CPQ4-2 社区车辆管理	0.0000	50.0000	13
CPQ4-3 社区清洁管理	245.6099	71.9154	13
CPQ4-4 社区安全管理	0.0000	50.0000	12
CPQ5 交通系统	45176.5117	67.6776	14
CPQ5-1 城市道路	432.7446	69.7086	6
（1）主干道	316.1519	89.6584	7
CPQ5-2 公共交通线路	29318.9796	67.1252	13
（1）公交车	3906.2538	63.3019	16
（2）地铁	25412.7258	67.4038	13
CPQ5-3 自驾车在城区指定范围的停车管理	15424.7874	65.1356	21
（1）自驾车	85.6703	61.3187	22
（2）停车	13124.4646	65.8166	20
（3）停车场	2123.4684	62.8656	20
CPQ6 休闲和娱乐	2214.6525	63.0039	19
CPQ7 餐饮	32254.4626	62.9061	15
CPQ8 购物	936.0982	86.9419	4
CPQ9 公共事件	3372.6132	64.3619	17
CPQ10 个人职业发展	7812.6350	65.1927	13
CPQ11 市政管理和服务	148226.4807	66.4413	14
CPQ11-1 公共厕所	12643.9295	64.8176	12
CPQ11-2 基础教育	49022.7729	63.7952	14
CPQ11-3 城市绿化	84472.8954	69.2999	13
CPQ11-4 公园分布	80.1672	61.1011	20
CPQ11-5 关怀弱势群体	2006.7156	64.7431	15
CPQ12 空气质量	976.8060	60.3522	30
CPQ13 政府官员勤政	16385.5340	69.6890	8
CPQ14 社会秩序与安全	1042.4580	61.8055	20
CPQ15 周围居民素养	506.0915	69.5718	6
CPQ15-1 居民热情	4.0376	61.3688	9
CPQ15-2 居民文明	502.0539	69.6926	6

城市高质量发展指标	青岛市绩效值	百分制数值	排名
CPQ15－3 居民友好	0.0000	50.0000	6
CPQ15－4 居民友爱	0.0000	50.0000	1
CPQ15－5 居民礼貌	0.0000	50.0000	1
ES 环境压力	9131.8047	62.5360	32
ES1 噪声	5799.6155	61.9268	32
ES2 空间拥挤	142.3083	63.1739	8
ES3 交通拥堵	3189.8809	65.7362	15
NVCPQ 城市产品质量净值	2045056.5870	66.5741	13
OV1 城市依恋	1384.0691	72.3008	5
OV2 主观幸福感	446.1336	68.8678	14
OV3 居民生活质量	3171.0800	65.9190	11
OV4 主人翁意识	586.0763	63.6576	11

4.20　南京市城市高质量发展现状

南京市城市高质量发展现状见表 4－20－1。

表 4－20－1　南京市城市高质量发展现状

城市高质量发展指标	南京市绩效值	百分制数值	排名
MOC1 居民导向	8632.0088	70.5846	7
MOC2 竞争者导向	935.5854	73.2847	9
CPQ1 宏观环境	2640630.8457	70.9032	6
CPQ1－1 天然景观	12392.0672	76.8675	11
CPQ1－2 地理位置	2289347.5578	71.1691	6
CPQ1－3 城市文化	326196.4328	69.0791	9
CPQ1－4 人文景观	12694.7877	75.1165	8
CPQ2 城市设计和标志性建筑	4746.3986	68.3264	5
CPQ2－1 城市整体规划	2434.7805	65.1611	6
CPQ2－2 城市街区规划	2238.4011	80.9690	3
CPQ2－3 标志性建筑	73.2170	88.5100	3
CPQ3 社区基础设施	9092.4148	85.1817	2

城市高质量发展指标	南京市绩效值	百分制数值	排名
CPQ3-1 社区医疗卫生机构	0.0000	50.0000	28
CPQ3-2 社区内菜市场	7380.8181	100.0000	1
CPQ3-3 社区内邮政系统	913.9816	66.4329	8
CPQ3-4 社区内购买日常用品	166.5912	68.9813	26
CPQ3-5 社区内小孩入托	631.0239	66.0143	13
CPQ4 社区管理与服务	529.9290	76.7073	12
CPQ4-1 社区公共活动空间	221.2119	70.3268	13
CPQ4-2 社区车辆管理	0.0000	50.0000	13
CPQ4-3 社区清洁管理	277.4833	73.4820	9
CPQ4-4 社区安全管理	31.2338	66.7883	6
CPQ5 交通系统	137552.9662	84.0895	4
CPQ5-1 城市道路	63.3598	61.3593	32
（1）主干道	52.2822	64.6496	26
CPQ5-2 公共交通线路	102824.1695	85.4103	4
（1）公交车	22039.6708	80.2517	3
（2）地铁	80784.4988	83.7139	3
CPQ5-3 自驾车在城区指定范围的停车管理	34665.4368	72.1244	11
（1）自驾车	30.6184	60.4662	29
（2）停车	27799.0341	72.8622	10
（3）停车场	6835.7843	70.0157	12
CPQ6 休闲和娱乐	358598.5337	81.1312	6
CPQ7 餐饮	140322.2623	73.8617	5
CPQ8 购物	276.8405	60.4681	33
CPQ9 公共事件	9103.3029	72.0430	8
CPQ10 个人职业发展	12469.7635	68.3992	8
CPQ11 市政管理和服务	263188.1713	71.8891	8
CPQ11-1 公共厕所	17303.4881	66.6657	9
CPQ11-2 基础教育	100618.9205	68.3209	9
CPQ11-3 城市绿化	134757.1739	75.2585	5
CPQ11-4 公园分布	587.7102	68.3679	9
CPQ11-5 关怀弱势群体	9920.8785	83.9685	5
CPQ12 空气质量	12311.2103	65.3414	4

城市高质量发展指标	南京市绩效值	百分制数值	排名
CPQ13 政府官员勤政	9609.5586	65.6707	18
CPQ14 社会秩序与安全	1838.7529	63.1859	15
CPQ15 周围居民素养	68.5711	61.2603	21
CPQ15－1 居民热情	0.8484	60.0000	16
CPQ15－2 居民文明	67.7227	61.2700	21
CPQ15－3 居民友好	0.0000	50.0000	6
CPQ15－4 居民友爱	0.0000	50.0000	1
CPQ15－5 居民礼貌	0.0000	50.0000	1
ES 环境压力	40593.3046	71.6136	8
ES1 噪声	20675.0496	67.0880	21
ES2 空间拥挤	319.8444	67.1785	4
ES3 交通拥堵	19598.4107	96.1607	2
NVCPQ 城市产品质量净值	3559746.2168	71.8870	7
OV1 城市依恋	521.7294	64.3625	20
OV2 主观幸福感	524.2301	70.4579	11
OV3 居民生活质量	2954.9382	65.5041	12
OV4 主人翁意识	1399.0071	69.1877	5

4.21　合肥市城市高质量发展现状

合肥市城市高质量发展现状见表 4－21－1。

表 4－21－1　合肥市城市高质量发展现状

城市高质量发展指标	合肥市绩效值	百分制数值	排名
MOC1 居民导向	5509.8639	66.7292	11
MOC2 竞争者导向	470.5159	66.6429	18
CPQ1 宏观环境	737897.3352	62.6038	23
CPQ1－1 天然景观	2510.8722	63.1228	25
CPQ1－2 地理位置	626747.5707	62.5846	21
CPQ1－3 城市文化	101242.6804	62.6067	25
CPQ1－4 人文景观	7396.2119	66.5833	21

城市高质量发展指标	合肥市绩效值	百分制数值	排名
CPQ2 城市设计和标志性建筑	1395.4845	62.2369	14
CPQ2-1 城市整体规划	1124.4419	62.2096	13
CPQ2-2 城市街区规划	271.0426	62.4081	17
CPQ2-3 标志性建筑	0.0000	50.0000	10
CPQ3 社区基础设施	3050.0332	68.3242	19
CPQ3-1 社区医疗卫生机构	0.0000	50.0000	28
CPQ3-2 社区内菜市场	1693.9058	69.1639	16
CPQ3-3 社区内邮政系统	697.9073	64.9098	13
CPQ3-4 社区内购买日常用品	268.9271	74.7115	20
CPQ3-5 社区内小孩入托	389.2929	63.7059	19
CPQ4 社区管理与服务	376.1779	71.6911	21
CPQ4-1 社区公共活动空间	149.1027	66.6654	20
CPQ4-2 社区车辆管理	0.0000	50.0000	13
CPQ4-3 社区清洁管理	227.0752	71.0044	20
CPQ4-4 社区安全管理	0.0000	50.0000	12
CPQ5 交通系统	20208.4690	63.2417	26
CPQ5-1 城市道路	332.3421	67.4392	12
(1) 主干道	318.9704	89.9255	3
CPQ5-2 公共交通线路	5521.0667	61.2053	28
(1) 公交车	2224.4788	61.7299	22
(2) 地铁	3296.5880	60.8894	29
CPQ5-3 自驾车在城区指定范围的停车管理	14355.0602	64.7470	23
(1) 自驾车	79.9219	61.2297	23
(2) 停车	12882.5539	65.7005	22
(3) 停车场	1392.5844	61.7566	26
CPQ6 休闲和娱乐	134910.0398	67.6578	19
CPQ7 餐饮	15333.0925	61.1906	25
CPQ8 购物	318.1326	62.1263	29
CPQ9 公共事件	1315.8312	61.6051	24
CPQ10 个人职业发展	4139.5493	62.6637	25
CPQ11 市政管理和服务	108682.4801	64.5675	20
CPQ11-1 公共厕所	8933.9384	63.3461	22

城市高质量发展指标	合肥市绩效值	百分制数值	排名
CPQ11-2 基础教育	29184.8782	62.0552	22
CPQ11-3 城市绿化	69926.7172	67.5762	18
CPQ11-4 公园分布	254.6626	63.5995	14
CPQ11-5 关怀弱势群体	382.2837	60.7970	29
CPQ12 空气质量	5236.0249	62.2270	13
CPQ13 政府官员勤政	522.0858	60.2816	30
CPQ14 社会秩序与安全	877.5631	61.5197	23
CPQ15 周围居民素养	20.5473	60.3480	28
CPQ15-1 居民热情	0.0000	50.0000	17
CPQ15-2 居民文明	20.5473	60.3552	26
CPQ15-3 居民友好	0.0000	50.0000	6
CPQ15-4 居民友爱	0.0000	50.0000	1
CPQ15-5 居民礼貌	0.0000	50.0000	1
ES 环境压力	26114.1417	67.4359	18
ES1 噪声	23585.4990	68.0979	16
ES2 空间拥挤	10.5649	60.2022	24
ES3 交通拥堵	2508.1048	64.4720	19
NVCPQ 城市产品质量净值	1008178.6776	62.9371	22
OV1 城市依恋	1254.9359	71.1120	6
OV2 主观幸福感	131.8821	62.4696	28
OV3 居民生活质量	1070.0886	61.8864	27
OV4 主人翁意识	357.9673	62.1058	20

4.22　上海市城市高质量发展现状

上海市城市高质量发展现状见表 4-22-1。

表 4-22-1　上海市城市高质量发展现状

城市高质量发展指标	上海市绩效值	百分制数值	排名
MOC1 居民导向	16649.3661	80.4849	3
MOC2 竞争者导向	2806.2270	100.0000	1

城市高质量发展指标	上海市绩效值	百分制数值	排名
CPQ1 宏观环境	6735711.5218	88.7650	3
CPQ1-1 天然景观	26395.7366	96.3466	3
CPQ1-2 地理位置	6024733.9259	90.4562	3
CPQ1-3 城市文化	665086.0508	78.8297	4
CPQ1-4 人文景观	19495.8084	86.0693	4
CPQ2 城市设计和标志性建筑	5777.2600	70.1998	3
CPQ2-1 城市整体规划	4962.4817	70.8547	2
CPQ2-2 城市街区规划	797.4376	67.3743	9
CPQ2-3 标志性建筑	17.3407	62.8731	8
CPQ3 社区基础设施	6048.4083	76.6893	9
CPQ3-1 社区医疗卫生机构	445.2689	70.8927	6
CPQ3-2 社区内菜市场	1422.0172	67.6896	18
CPQ3-3 社区内邮政系统	2226.5214	75.6851	4
CPQ3-4 社区内购买日常用品	664.6124	96.8675	2
CPQ3-5 社区内小孩入托	1289.9884	72.3073	6
CPQ4 社区管理与服务	714.5364	82.7302	7
CPQ4-1 社区公共活动空间	445.2893	81.7048	5
CPQ4-2 社区车辆管理	8.4158	62.9206	9
CPQ4-3 社区清洁管理	127.8684	66.1284	29
CPQ4-4 社区安全管理	132.9629	92.2533	2
CPQ5 交通系统	130432.9786	82.8245	5
CPQ5-1 城市道路	103.3076	62.2622	29
（1）主干道	103.3076	69.4856	24
CPQ5-2 公共交通线路	47790.5827	71.7202	9
（1）公交车	11466.3807	70.3686	5
（2）地铁	36324.2020	70.6178	10
CPQ5-3 自驾车在城区指定范围的停车管理	82539.0883	89.5137	2
（1）自驾车	307.6415	64.7560	12
（2）停车	60956.6311	88.7818	2
（3）停车场	21274.8157	91.9244	2
CPQ6 休闲和娱乐	538720.2157	91.9803	3
CPQ7 餐饮	296802.5392	89.7253	2

续表

城市高质量发展指标	上海市绩效值	百分制数值	排名
CPQ8 购物	1261.2757	100.0000	1
CPQ9 公共事件	29961.3610	100.0000	1
CPQ10 个人职业发展	34743.0117	83.7347	3
CPQ11 市政管理和服务	772311.3739	96.0153	2
CPQ11-1 公共厕所	28017.5475	70.9152	8
CPQ11-2 基础教育	461785.2009	100.0000	1
CPQ11-3 城市绿化	271805.9110	91.4985	2
CPQ11-4 公园分布	1526.8581	81.8142	4
CPQ11-5 关怀弱势群体	9175.8564	82.1587	8
CPQ12 空气质量	91049.1687	100.0000	1
CPQ13 政府官员勤政	15806.9950	69.3459	9
CPQ14 社会秩序与安全	10703.8336	78.5537	3
CPQ15 周围居民素养	1637.4521	91.0642	3
CPQ15-1 居民热情	18.6953	67.6602	6
CPQ15-2 居民文明	1615.3540	91.2816	3
CPQ15-3 居民友好	3.4027	65.2441	2
CPQ15-4 居民友爱	0.0000	50.0000	1
CPQ15-5 居民礼貌	0.0000	50.0000	1
ES 环境压力	54725.2663	75.6911	4
ES1 噪声	42208.0658	74.5592	3
ES2 空间拥挤	607.0741	73.6575	3
ES3 交通拥堵	11910.1264	81.9052	5
NVCPQ 城市产品质量净值	8616956.6654	89.6258	2
OV1 城市依恋	2101.7170	78.9071	2
OV2 主观幸福感	1975.1902	100.0000	1
OV3 居民生活质量	9657.3654	78.3683	3
OV4 主人翁意识	3304.3061	82.1489	2

4.23　杭州市城市高质量发展现状

杭州市城市高质量发展现状见表 4-23-1。

表 4-23-1　杭州市城市高质量发展现状

城市高质量发展指标	杭州市绩效值	百分制数值	排名
MOC1 居民导向	10027.7716	72.3082	5
MOC2 竞争者导向	1089.7808	75.4868	8
CPQ1 宏观环境	2573006.9255	70.6082	7
CPQ1-1 天然景观	19338.0477	86.5293	4
CPQ1-2 地理位置	2198678.3055	70.7010	8
CPQ1-3 城市文化	346930.2636	69.6757	8
CPQ1-4 人文景观	8060.3092	67.6528	17
CPQ2 城市设计和标志性建筑	2861.5238	64.9011	8
CPQ2-1 城市整体规划	1963.7299	64.1001	8
CPQ2-2 城市街区规划	886.7151	68.2166	7
CPQ2-3 标志性建筑	11.0787	60.0000	9
CPQ3 社区基础设施	7703.3168	81.3063	5
CPQ3-1 社区医疗卫生机构	574.6041	74.0815	4
CPQ3-2 社区内菜市场	3825.1492	80.7201	6
CPQ3-3 社区内邮政系统	1689.2486	71.8978	5
CPQ3-4 社区内购买日常用品	159.1572	68.5650	27
CPQ3-5 社区内小孩入托	1455.1577	73.8847	4
CPQ4 社区管理与服务	946.6399	90.3027	4
CPQ4-1 社区公共活动空间	517.9650	85.3950	3
CPQ4-2 社区车辆管理	0.0000	50.0000	13
CPQ4-3 社区清洁管理	424.5595	80.7107	3
CPQ4-4 社区安全管理	4.1153	60.0000	11
CPQ5 交通系统	144156.6737	85.2627	3
CPQ5-1 城市道路	152.7276	63.3793	27
（1）主干道	29.9960	62.5374	27
CPQ5-2 公共交通线路	103492.5037	85.5765	3
（1）公交车	14733.8600	73.4228	4

城市高质量发展指标	杭州市绩效值	百分制数值	排名
（2）地铁	88758.6437	86.0627	2
CPQ5-3 自驾车在城区指定范围的停车管理	40511.4424	74.2479	7
（1）自驾车	115.6568	61.7831	18
（2）停车	32161.0034	74.9564	6
（3）停车场	8234.7822	72.1384	10
CPQ6 休闲和娱乐	471592.0019	87.9370	4
CPQ7 餐饮	116118.4960	71.4080	6
CPQ8 购物	302.5437	61.5003	30
CPQ9 公共事件	12041.9935	75.9819	6
CPQ10 个人职业发展	23796.8868	76.1981	4
CPQ11 市政管理和服务	341427.8381	75.5967	6
CPQ11-1 公共厕所	33762.8691	73.1940	6
CPQ11-2 基础教育	107177.3579	68.8961	8
CPQ11-3 城市绿化	185438.4661	81.2642	4
CPQ11-4 公园分布	2797.0336	100.0000	1
CPQ11-5 关怀弱势群体	12252.1114	89.6317	2
CPQ12 空气质量	5890.3220	62.5151	9
CPQ13 政府官员勤政	20678.1713	72.2347	4
CPQ14 社会秩序与安全	4013.4887	66.9559	8
CPQ15 周围居民素养	461.9083	68.7325	8
CPQ15-1 居民热情	3.8570	61.2913	10
CPQ15-2 居民文明	456.3220	68.8057	7
CPQ15-3 居民友好	1.7293	61.0252	4
CPQ15-4 居民友爱	0.0000	50.0000	1
CPQ15-5 居民礼貌	0.0000	50.0000	1
ES 环境压力	55155.9394	75.8153	3
ES1 噪声	40037.2464	73.8060	5
ES2 空间拥挤	246.7257	65.5292	7
ES3 交通拥堵	14871.9672	87.3970	3
NVCPQ 城市产品质量净值	3669842.7905	72.2732	6
OV1 城市依恋	330.9961	62.6067	24
OV2 主观幸福感	890.4033	77.9133	6

城市高质量发展指标	杭州市绩效值	百分制数值	排名
OV3 居民生活质量	6668.6568	72.6320	5
OV4 主人翁意识	878.6541	65.6479	8

4.24 宁波市城市高质量发展现状

宁波市城市高质量发展现状见表 4−24−1。

表 4−24−1 宁波市城市高质量发展现状

城市高质量发展指标	宁波市绩效值	百分制数值	排名
MOC1 居民导向	1943.7653	62.3256	23
MOC2 竞争者导向	431.3824	66.0840	19
CPQ1 宏观环境	966614.1952	63.6015	18
CPQ1−1 天然景观	7201.9955	69.6481	15
CPQ1−2 地理位置	770229.6474	63.3254	18
CPQ1−3 城市文化	181701.1629	64.9216	19
CPQ1−4 人文景观	7481.3895	66.7205	20
CPQ2 城市设计和标志性建筑	890.2819	61.3188	22
CPQ2−1 城市整体规划	644.3919	61.1283	24
CPQ2−2 城市街区规划	245.8900	62.1708	18
CPQ2−3 标志性建筑	0.0000	50.0000	10
CPQ3 社区基础设施	5171.9298	74.2440	12
CPQ3−1 社区医疗卫生机构	197.9118	64.7940	11
CPQ3−2 社区内菜市场	4049.1075	81.9345	4
CPQ3−3 社区内邮政系统	130.7991	60.9122	26
CPQ3−4 社区内购买日常用品	173.5600	69.3715	25
CPQ3−5 社区内小孩入托	620.5514	65.9143	14
CPQ4 社区管理与服务	71.1485	61.7394	33
CPQ4−1 社区公共活动空间	25.6483	60.3967	33
CPQ4−2 社区车辆管理	0.0000	50.0000	13
CPQ4−3 社区清洁管理	45.5002	62.0801	30
CPQ4−4 社区安全管理	0.0000	50.0000	12

城市高质量发展指标	宁波市绩效值	百分制数值	排名
CPQ5 交通系统	26392.9326	64.3405	22
CPQ5-1 城市道路	360.9622	68.0861	8
（1）主干道	360.9622	93.9053	2
CPQ5-2 公共交通线路	10550.1567	62.4563	20
（1）公交车	6299.6917	65.5391	12
（2）地铁	4250.4650	61.1703	26
CPQ5-3 自驾车在城区指定范围的停车管理	15481.8138	65.1563	20
（1）自驾车	41.9941	60.6424	27
（2）停车	13509.2973	66.0014	19
（3）停车场	1930.5224	62.5728	22
CPQ6 休闲和娱乐	72925.6230	63.9244	30
CPQ7 餐饮	21701.3180	61.8362	20
CPQ8 购物	580.9646	72.6808	11
CPQ9 公共事件	2779.3673	63.5667	21
CPQ10 个人职业发展	4673.0542	63.0310	22
CPQ11 市政管理和服务	70546.6562	62.7603	28
CPQ11-1 公共厕所	8330.5057	63.1067	27
CPQ11-2 基础教育	36433.3860	62.6910	18
CPQ11-3 城市绿化	25023.9848	62.2553	30
CPQ11-4 公园分布	43.3026	60.5733	27
CPQ11-5 关怀弱势群体	715.4772	61.6064	21
CPQ12 空气质量	2229.7689	60.9038	22
CPQ13 政府官员勤政	12191.0886	67.2016	12
CPQ14 社会秩序与安全	1218.6915	62.1110	18
CPQ15 周围居民素养	76.8859	61.4182	19
CPQ15-1 居民热情	0.0000	50.0000	17
CPQ15-2 居民文明	75.5632	61.4221	19
CPQ15-3 居民友好	1.3227	60.0000	5
CPQ15-4 居民友爱	0.0000	50.0000	1
CPQ15-5 居民礼貌	0.0000	50.0000	1
ES 环境压力	24488.8816	66.9670	23
ES1 噪声	22636.0558	67.7684	19

城市高质量发展指标	宁波市绩效值	百分制数值	排名
ES2 空间拥挤	16.1615	60.3284	21
ES3 交通拥堵	1836.6643	63.2270	23
NVCPQ 城市产品质量净值	1163575.0247	63.4822	19
OV1 城市依恋	1016.2887	68.9152	10
OV2 主观幸福感	331.8496	66.5410	18
OV3 居民生活质量	2323.6272	64.2924	15
OV4 主人翁意识	238.5656	61.2936	26

4.25 南昌市城市高质量发展现状

南昌市城市高质量发展现状见表 4-25-1。

表 4-25-1 南昌市城市高质量发展现状

城市高质量发展指标	南昌市绩效值	百分制数值	排名
MOC1 居民导向	1474.4612	61.7461	27
MOC2 竞争者导向	523.1812	67.3950	17
CPQ1 宏观环境	585593.5977	61.9395	25
CPQ1-1 天然景观	2124.2335	62.5850	29
CPQ1-2 地理位置	453271.1154	61.6889	25
CPQ1-3 城市文化	126000.9509	63.3190	23
CPQ1-4 人文景观	4197.2979	61.4316	33
CPQ2 城市设计和标志性建筑	730.0465	61.0276	25
CPQ2-1 城市整体规划	568.7029	60.9578	26
CPQ2-2 城市街区规划	161.3436	61.3731	22
CPQ2-3 标志性建筑	0.0000	50.0000	10
CPQ3 社区基础设施	3718.0576	70.1879	15
CPQ3-1 社区医疗卫生机构	0.0000	50.0000	28
CPQ3-2 社区内菜市场	2572.1401	73.9259	12
CPQ3-3 社区内邮政系统	226.8424	61.5892	24
CPQ3-4 社区内购买日常用品	349.1145	79.2015	11
CPQ3-5 社区内小孩入托	569.9606	65.4312	16

城市高质量发展指标	南昌市绩效值	百分制数值	排名
CPQ4 社区管理与服务	287.3405	68.7928	28
CPQ4-1 社区公共活动空间	241.7252	71.3684	9
CPQ4-2 社区车辆管理	45.6153	93.9520	5
CPQ4-3 社区清洁管理	0.0000	50.0000	33
CPQ4-4 社区安全管理	0.0000	50.0000	12
CPQ5 交通系统	20111.8867	63.2245	27
CPQ5-1 城市道路	224.2842	64.9967	23
（1）主干道	199.2007	78.5741	19
CPQ5-2 公共交通线路	7932.5826	61.8052	24
（1）公交车	1607.0170	61.1528	25
（2）地铁	6325.5656	61.7816	22
CPQ5-3 自驾车在城区指定范围的停车管理	11955.0199	63.8753	27
（1）自驾车	86.1734	61.3265	21
（2）停车	9292.9817	63.9770	27
（3）停车场	2575.8648	63.5520	17
CPQ6 休闲和娱乐	67946.3774	63.6245	32
CPQ7 餐饮	11728.2371	60.8252	28
CPQ8 购物	468.1673	68.1512	20
CPQ9 公共事件	920.8608	61.0757	26
CPQ10 个人职业发展	2024.1549	61.2072	32
CPQ11 市政管理和服务	52792.7181	61.9190	31
CPQ11-1 公共厕所	6194.5900	62.2595	32
CPQ11-2 基础教育	28907.1430	62.0308	24
CPQ11-3 城市绿化	16408.0849	61.2344	32
CPQ11-4 公园分布	113.6550	61.5806	19
CPQ11-5 关怀弱势群体	1169.2453	62.7087	18
CPQ12 空气质量	1893.6701	60.7558	23
CPQ13 政府官员勤政	1054.2629	60.5972	25
CPQ14 社会秩序与安全	191.0761	60.3296	29
CPQ15 周围居民素养	555.3139	70.5069	5
CPQ15-1 居民热情	3.5797	61.1723	11
CPQ15-2 居民文明	551.7342	70.6560	5

续表

城市高质量发展指标	南昌市绩效值	百分制数值	排名
CPQ15-3 居民友好	0.0000	50.0000	6
CPQ15-4 居民友爱	0.0000	50.0000	1
CPQ15-5 居民礼貌	0.0000	50.0000	1
ES 环境压力	16345.7689	64.6174	28
ES1 噪声	14536.2498	64.9581	27
ES2 空间拥挤	11.2306	60.2172	22
ES3 交通拥堵	1798.2885	63.1559	24
NVCPQ 城市产品质量净值	733669.9988	61.9742	26
OV1 城市依恋	897.4381	67.8211	14
OV2 主观幸福感	169.8495	63.2426	25
OV3 居民生活质量	1096.6974	61.9375	26
OV4 主人翁意识	508.1362	63.1274	13

4.26 福州市城市高质量发展现状

福州市城市高质量发展现状见表4-26-1。

表4-26-1 福州市城市高质量发展现状

城市高质量发展指标	福州市绩效值	百分制数值	排名
MOC1 居民导向	2779.0299	63.3570	19
MOC2 竞争者导向	401.5472	65.6579	22
CPQ1 宏观环境	1027472.5350	63.8669	17
CPQ1-1 天然景观	5326.0570	67.0387	20
CPQ1-2 地理位置	790794.8929	63.4316	17
CPQ1-3 城市文化	223138.3623	66.1139	15
CPQ1-4 人文景观	8213.2229	67.8991	16
CPQ2 城市设计和标志性建筑	639.8795	60.8637	29
CPQ2-1 城市整体规划	609.3186	61.0493	25
CPQ2-2 城市街区规划	30.5609	60.1393	30
CPQ2-3 标志性建筑	0.0000	50.0000	10
CPQ3 社区基础设施	2199.8141	65.9522	20

城市高质量发展指标	福州市绩效值	百分制数值	排名
CPQ3-1 社区医疗卫生机构	231.6069	65.6247	9
CPQ3-2 社区内菜市场	762.8038	64.1152	26
CPQ3-3 社区内邮政系统	876.8441	66.1711	9
CPQ3-4 社区内购买日常用品	311.5294	77.0969	16
CPQ3-5 社区内小孩入托	17.0299	60.1508	26
CPQ4 社区管理与服务	380.9912	71.8482	20
CPQ4-1 社区公共活动空间	97.5871	64.0496	26
CPQ4-2 社区车辆管理	52.8655	100.0000	1
CPQ4-3 社区清洁管理	230.5386	71.1747	16
CPQ4-4 社区安全管理	0.0000	50.0000	12
CPQ5 交通系统	44509.6854	67.5591	15
CPQ5-1 城市道路	288.5224	66.4487	17
（1）主干道	285.5573	86.7587	8
CPQ5-2 公共交通线路	23312.9301	65.6312	15
（1）公交车	2348.7970	61.8461	21
（2）地铁	20964.1332	66.0934	14
CPQ5-3 自驾车在城区指定范围的停车管理	20908.2329	67.1274	15
（1）自驾车	698.2498	70.8047	6
（2）停车	17466.6418	67.9014	14
（3）停车场	2743.3414	63.8061	16
CPQ6 休闲和娱乐	113343.3003	66.3588	23
CPQ7 餐饮	23199.2838	61.9881	18
CPQ8 购物	672.1932	76.3443	6
CPQ9 公共事件	1803.6522	62.2589	22
CPQ10 个人职业发展	5029.5235	63.2765	20
CPQ11 市政管理和服务	126925.2377	65.4319	17
CPQ11-1 公共厕所	7980.1574	62.9678	28
CPQ11-2 基础教育	49405.3153	63.8288	13
CPQ11-3 城市绿化	68411.7433	67.3967	20
CPQ11-4 公园分布	72.9094	60.9972	21
CPQ11-5 关怀弱势群体	1055.1123	62.4314	19
CPQ12 空气质量	3156.1787	61.3115	18

续表

城市高质量发展指标	福州市绩效值	百分制数值	排名
CPQ13 政府官员勤政	10671.5840	66.3005	13
CPQ14 社会秩序与安全	2868.7841	64.9715	9
CPQ15 周围居民素养	0.0000	50.0000	31
CPQ15-1 居民热情	0.0000	50.0000	17
CPQ15-2 居民文明	0.0000	50.0000	29
CPQ15-3 居民友好	0.0000	50.0000	6
CPQ15-4 居民友爱	0.0000	50.0000	1
CPQ15-5 居民礼貌	0.0000	50.0000	1
ES 环境压力	26112.3368	67.4354	19
ES1 噪声	24910.1729	68.5575	14
ES2 空间拥挤	0.0000	50.0000	30
ES3 交通拥堵	1192.0538	62.0318	31
NVCPQ 城市产品质量净值	1336770.4161	64.0897	17
OV1 城市依恋	221.9335	61.6027	26
OV2 主观幸福感	211.7341	64.0954	21
OV3 居民生活质量	1453.5070	62.6224	21
OV4 主人翁意识	398.4714	62.3814	17

4.27 厦门市城市高质量发展现状

厦门市城市高质量发展现状见表 4-27-1。

表 4-27-1 厦门市城市高质量发展现状

城市高质量发展指标	厦门市绩效值	百分制数值	排名
MOC1 居民导向	3697.4885	64.4912	16
MOC2 竞争者导向	1366.7482	79.4423	4
CPQ1 宏观环境	1923500.2022	67.7752	9
CPQ1-1 天然景观	15101.7410	80.6366	7
CPQ1-2 地理位置	1432070.5346	66.7427	10
CPQ1-3 城市文化	462431.5006	72.9989	5
CPQ1-4 人文景观	13896.4257	77.0517	5

续表

城市高质量发展指标	厦门市绩效值	百分制数值	排名
CPQ2 城市设计和标志性建筑	1835.9529	63.0373	11
CPQ2-1 城市整体规划	1211.8516	62.4065	12
CPQ2-2 城市街区规划	603.5284	65.5449	11
CPQ2-3 标志性建筑	20.5729	64.3561	6
CPQ3 社区基础设施	5065.6117	73.9474	13
CPQ3-1 社区医疗卫生机构	118.1907	62.8284	13
CPQ3-2 社区内菜市场	2638.0393	74.2833	11
CPQ3-3 社区内邮政系统	415.9785	62.9224	20
CPQ3-4 社区内购买日常用品	102.7648	65.4074	32
CPQ3-5 社区内小孩入托	1790.6383	77.0884	3
CPQ4 社区管理与服务	632.0932	80.0405	9
CPQ4-1 社区公共活动空间	375.7052	78.1715	7
CPQ4-2 社区车辆管理	0.0000	50.0000	13
CPQ4-3 社区清洁管理	256.3880	72.4451	12
CPQ4-4 社区安全管理	0.0000	50.0000	12
CPQ5 交通系统	69449.2701	71.9900	12
CPQ5-1 城市道路	408.2192	69.1542	7
（1）主干道	316.5844	89.6994	6
CPQ5-2 公共交通线路	27102.2375	66.5738	14
（1）公交车	6275.1616	65.5162	13
（2）地铁	20827.0759	66.0531	15
CPQ5-3 自驾车在城区指定范围的停车管理	41938.8133	74.7664	6
（1）自驾车	794.4652	72.2946	5
（2）停车	31304.6034	74.5452	7
（3）停车场	9839.7448	74.5737	4
CPQ6 休闲和娱乐	281159.2668	76.4668	10
CPQ7 餐饮	96567.7156	69.4260	8
CPQ8 购物	416.3655	66.0710	27
CPQ9 公共事件	4554.4740	65.9460	13
CPQ10 个人职业发展	7525.5278	64.9950	14
CPQ11 市政管理和服务	244810.5273	71.0182	9
CPQ11-1 公共厕所	10834.0887	64.0997	16

城市高质量发展指标	厦门市绩效值	百分制数值	排名
CPQ11-2 基础教育	128599.1916	70.7751	7
CPQ11-3 城市绿化	94322.4684	70.4671	11
CPQ11-4 公园分布	624.4014	68.8932	8
CPQ11-5 关怀弱势群体	10430.3773	85.2062	4
CPQ12 空气质量	3811.1332	61.5998	16
CPQ13 政府官员勤政	18271.9436	70.8077	6
CPQ14 社会秩序与安全	2816.9975	64.8817	10
CPQ15 周围居民素养	30.0342	60.5282	27
CPQ15-1 居民热情	0.0000	50.0000	17
CPQ15-2 居民文明	30.0342	60.5392	25
CPQ15-3 居民友好	0.0000	50.0000	6
CPQ15-4 居民友爱	0.0000	50.0000	1
CPQ15-5 居民礼貌	0.0000	50.0000	1
ES 环境压力	43857.1937	72.5553	5
ES1 噪声	36804.8629	72.6845	7
ES2 空间拥挤	69.0107	61.5205	13
ES3 交通拥堵	6983.3201	72.7699	10
NVCPQ 城市产品质量净值	2616589.9219	68.5788	10
OV1 城市依恋	1391.4949	72.3691	4
OV2 主观幸福感	592.6830	71.8516	10
OV3 居民生活质量	2666.0117	64.9496	13
OV4 主人翁意识	287.0026	61.6231	25

4.28 重庆市城市高质量发展现状

重庆市城市高质量发展现状见表 4-28-1。

表 4-28-1 重庆市城市高质量发展现状

城市高质量发展指标	重庆市绩效值	百分制数值	排名
MOC1 居民导向	8667.0619	70.6279	6
MOC2 竞争者导向	736.5715	70.4425	12

续表

城市高质量发展指标	重庆市绩效值	百分制数值	排名
CPQ1 宏观环境	1744841.6326	66.9959	11
CPQ1-1 天然景观	15025.4391	80.5305	8
CPQ1-2 地理位置	1325279.0449	66.1913	11
CPQ1-3 城市文化	393877.1947	71.0264	7
CPQ1-4 人文景观	10659.9538	71.8395	10
CPQ2 城市设计和标志性建筑	1709.2468	62.8070	12
CPQ2-1 城市整体规划	1011.8823	61.9560	15
CPQ2-2 城市街区规划	697.3645	66.4302	10
CPQ2-3 标志性建筑	0.0000	50.0000	10
CPQ3 社区基础设施	4621.7897	72.7092	14
CPQ3-1 社区医疗卫生机构	245.8848	65.9768	8
CPQ3-2 社区内菜市场	2510.6903	73.5927	14
CPQ3-3 社区内邮政系统	571.6748	64.0199	17
CPQ3-4 社区内购买日常用品	251.2262	73.7203	21
CPQ3-5 社区内小孩入托	1042.3134	69.9421	7
CPQ4 社区管理与服务	507.6692	75.9811	13
CPQ4-1 社区公共活动空间	236.8007	71.1184	11
CPQ4-2 社区车辆管理	0.0000	50.0000	13
CPQ4-3 社区清洁管理	242.5037	71.7627	15
CPQ4-4 社区安全管理	28.3649	66.0702	8
CPQ5 交通系统	82707.8127	74.3455	9
CPQ5-1 城市道路	131.6339	62.9025	28
（1）主干道	11.4673	60.7813	30
CPQ5-2 公共交通线路	45057.0600	71.0402	10
（1）公交车	6415.5718	65.6474	11
（2）地铁	38626.6519	71.2960	9
CPQ5-3 自驾车在城区指定范围的停车管理	37519.1189	73.1610	8
（1）自驾车	164.4531	62.5387	16
（2）停车	28986.5850	73.4323	8
（3）停车场	8368.0808	72.3407	9
CPQ6 休闲和娱乐	276248.8014	76.1710	11
CPQ7 餐饮	79277.8423	67.6732	11

城市高质量发展指标	重庆市绩效值	百分制数值	排名
CPQ8 购物	288.0176	60.9169	31
CPQ9 公共事件	7927.3050	70.4668	9
CPQ10 个人职业发展	10984.2926	67.3764	10
CPQ11 市政管理和服务	213640.3741	69.5412	12
CPQ11-1 公共厕所	13133.6217	65.0118	11
CPQ11-2 基础教育	90519.7707	67.4351	11
CPQ11-3 城市绿化	102193.6661	71.3998	10
CPQ11-4 公园分布	801.6904	71.4316	7
CPQ11-5 关怀弱势群体	6991.6252	76.8527	10
CPQ12 空气质量	3486.8578	61.4571	17
CPQ13 政府官员勤政	8173.0519	64.8188	19
CPQ14 社会秩序与安全	2600.2254	64.5059	11
CPQ15 周围居民素养	121.8373	62.2722	16
CPQ15-1 居民热情	0.0000	50.0000	17
CPQ15-2 居民文明	119.2890	62.2700	16
CPQ15-3 居民友好	2.5483	63.0900	3
CPQ15-4 居民友爱	0.0000	50.0000	1
CPQ15-5 居民礼貌	0.0000	50.0000	1
ES 环境压力	31199.8193	68.9033	13
ES1 噪声	20556.2971	67.0468	22
ES2 空间拥挤	86.9735	61.9257	12
ES3 交通拥堵	10556.5487	79.3954	6
NVCPQ 城市产品质量净值	2405936.9369	67.8399	11
OV1 城市依恋	581.2283	64.9102	18
OV2 主观幸福感	488.3112	69.7266	13
OV3 居民生活质量	5183.3615	69.7812	8
OV4 主人翁意识	762.0254	64.8545	9

4.29　贵阳市城市高质量发展现状

贵阳市城市高质量发展现状见表 4-29-1。

表 4-29-1　贵阳市城市高质量发展现状

城市高质量发展指标	贵阳市绩效值	百分制数值	排名
MOC1 居民导向	886.5925	61.0201	32
MOC2 竞争者导向	159.7244	62.2043	34
CPQ1 宏观环境	398270.4984	61.1225	31
CPQ1-1 天然景观	2381.1598	62.9423	28
CPQ1-2 地理位置	323296.0326	61.0178	30
CPQ1-3 城市文化	68686.5062	61.6700	29
CPQ1-4 人文景观	3906.7998	60.9638	34
CPQ2 城市设计和标志性建筑	477.6998	60.5690	32
CPQ2-1 城市整体规划	434.2524	60.6549	31
CPQ2-2 城市街区规划	43.4474	60.2608	28
CPQ2-3 标志性建筑	0.0000	50.0000	10
CPQ3 社区基础设施	1324.1706	63.5092	28
CPQ3-1 社区医疗卫生机构	13.4991	60.2472	23
CPQ3-2 社区内菜市场	642.0672	63.4605	28
CPQ3-3 社区内邮政系统	463.3622	63.2564	19
CPQ3-4 社区内购买日常用品	205.2421	71.1455	23
CPQ3-5 社区内小孩入托	0.0000	50.0000	31
CPQ4 社区管理与服务	330.5123	70.2013	23
CPQ4-1 社区公共活动空间	123.0992	65.3450	21
CPQ4-2 社区车辆管理	0.0000	50.0000	13
CPQ4-3 社区清洁管理	207.4132	70.0380	23
CPQ4-4 社区安全管理	0.0000	50.0000	12
CPQ5 交通系统	20570.6476	63.3060	25
CPQ5-1 城市道路	972.1033	81.8999	2
(1) 主干道	193.1493	78.0005	21
CPQ5-2 公共交通线路	7377.7052	61.6671	26
(1) 公交车	1243.1170	60.8126	29

城市高质量发展指标	贵阳市绩效值	百分制数值	排名
（2）地铁	6134.5882	61.7253	23
CPQ5-3 自驾车在城区指定范围的停车管理	12220.8390	63.9718	26
（1）自驾车	55.1405	60.8459	26
（2）停车	10527.4705	64.5697	26
（3）停车场	1638.2281	62.1293	25
CPQ6 休闲和娱乐	147187.7024	68.3974	18
CPQ7 餐饮	20426.9381	61.7070	22
CPQ8 购物	539.6740	71.0227	15
CPQ9 公共事件	834.5230	60.9600	27
CPQ10 个人职业发展	2476.0971	61.5184	29
CPQ11 市政管理和服务	81993.9933	63.3027	27
CPQ11-1 公共厕所	12430.0421	64.7327	13
CPQ11-2 基础教育	10625.9765	60.4273	30
CPQ11-3 城市绿化	58513.3150	66.2238	26
CPQ11-4 公园分布	40.0389	60.5266	29
CPQ11-5 关怀弱势群体	384.6208	60.8026	28
CPQ12 空气质量	5358.8026	62.2811	12
CPQ13 政府官员勤政	596.6421	60.3258	27
CPQ14 社会秩序与安全	259.1125	60.4476	26
CPQ15 周围居民素养	3.5837	60.0257	29
CPQ15-1 居民热情	0.0000	50.0000	17
CPQ15-2 居民文明	3.5837	60.0263	27
CPQ15-3 居民友好	0.0000	50.0000	6
CPQ15-4 居民友爱	0.0000	50.0000	1
CPQ15-5 居民礼貌	0.0000	50.0000	1
ES 环境压力	16730.0647	64.7283	27
ES1 噪声	12250.7401	64.1651	29
ES2 空间拥挤	0.0000	50.0000	32
ES3 交通拥堵	4479.3246	68.1270	12
NVCPQ 城市产品质量净值	663920.5329	61.7296	28
OV1 城市依恋	47.8320	60.0000	35
OV2 主观幸福感	11.8083	60.0248	35

城市高质量发展指标	贵阳市绩效值	百分制数值	排名
OV3 居民生活质量	257.9455	60.3277	34
OV4 主人翁意识	374.1914	62.2162	19

4.30 成都市城市高质量发展现状

成都市城市高质量发展现状见表 4-30-1。

表 4-30-1 成都市城市高质量发展现状

城市高质量发展指标	成都市绩效值	百分制数值	排名
MOC1 居民导向	4636.0177	65.6502	14
MOC2 竞争者导向	878.9943	72.4765	10
CPQ1 宏观环境	1292871.5387	65.0245	15
CPQ1-1 天然景观	11456.1782	75.5657	13
CPQ1-2 地理位置	1091288.2685	64.9832	15
CPQ1-3 城市文化	184270.9645	64.9956	18
CPQ1-4 人文景观	5856.1269	64.1031	29
CPQ2 城市设计和标志性建筑	2997.7923	65.1487	7
CPQ2-1 城市整体规划	2397.2534	65.0766	7
CPQ2-2 城市街区规划	600.5389	65.5167	12
CPQ2-3 标志性建筑	0.0000	50.0000	10
CPQ3 社区基础设施	5375.8109	74.8128	11
CPQ3-1 社区医疗卫生机构	156.4040	63.7706	12
CPQ3-2 社区内菜市场	3363.6286	78.2176	7
CPQ3-3 社区内邮政系统	699.9306	64.9240	12
CPQ3-4 社区内购买日常用品	143.2496	67.6743	30
CPQ3-5 社区内小孩入托	1012.5981	69.6583	8
CPQ4 社区管理与服务	872.7625	87.8924	5
CPQ4-1 社区公共活动空间	557.9637	87.4260	2
CPQ4-2 社区车辆管理	52.4960	99.6917	3
CPQ4-3 社区清洁管理	225.1668	70.9106	21
CPQ4-4 社区安全管理	37.1360	68.2658	5

城市高质量发展指标	成都市绩效值	百分制数值	排名
CPQ5 交通系统	87912.5911	75.2702	8
CPQ5-1 城市道路	219.3725	64.8857	24
(1) 主干道	219.3725	80.4859	17
CPQ5-2 公共交通线路	51011.0323	72.5213	7
(1) 公交车	9230.2639	68.2784	6
(2) 地铁	41780.7685	72.2251	8
CPQ5-3 自驾车在城区指定范围的停车管理	36682.1863	72.8570	10
(1) 自驾车	235.1275	63.6331	15
(2) 停车	26823.3908	72.3937	11
(3) 停车场	9623.6680	74.2458	5
CPQ6 休闲和娱乐	315059.9116	78.5087	7
CPQ7 餐饮	88340.7429	68.5920	9
CPQ8 购物	449.8721	67.4165	24
CPQ9 公共事件	4523.4599	65.9044	14
CPQ10 个人职业发展	8730.7511	65.8248	12
CPQ11 市政管理和服务	179424.7489	67.9198	13
CPQ11-1 公共厕所	11789.3675	64.4786	14
CPQ11-2 基础教育	30769.7547	62.1942	21
CPQ11-3 城市绿化	132515.3399	74.9929	8
CPQ11-4 公园分布	288.1016	64.0782	13
CPQ11-5 关怀弱势群体	4062.1853	69.7363	11
CPQ12 空气质量	5873.0177	62.5074	10
CPQ13 政府官员勤政	14043.7935	68.3003	11
CPQ14 社会秩序与安全	2001.6418	63.4683	13
CPQ15 周围居民素养	128.7455	62.4034	15
CPQ15-1 居民热情	2.4934	60.7061	14
CPQ15-2 居民文明	126.2521	62.4050	14
CPQ15-3 居民友好	0.0000	50.0000	6
CPQ15-4 居民友爱	0.0000	50.0000	1
CPQ15-5 居民礼貌	0.0000	50.0000	1
ES 环境压力	28906.8954	68.2417	17
ES1 噪声	27004.7374	69.2842	13

续表

城市高质量发展指标	成都市绩效值	百分制数值	排名
ES2 空间拥挤	139.1709	63.1031	9
ES3 交通拥堵	1762.9870	63.0904	25
NVCPQ 城市产品质量净值	1979700.2851	66.3448	14
OV1 城市依恋	389.4102	63.1444	21
OV2 主观幸福感	503.9331	70.0447	12
OV3 居民生活质量	2478.6602	64.5900	14
OV4 主人翁意识	567.3755	63.5304	12

4.31　昆明市城市高质量发展现状

昆明市城市高质量发展现状见表 4-31-1。

表 4-31-1　昆明市城市高质量发展现状

城市高质量发展指标	昆明市绩效值	百分制数值	排名
MOC1 居民导向	3417.4838	64.1454	17
MOC2 竞争者导向	324.9345	64.5638	23
CPQ1 宏观环境	895952.8189	63.2932	20
CPQ1-1 天然景观	4939.6147	66.5011	21
CPQ1-2 地理位置	693938.8858	62.9315	20
CPQ1-3 城市文化	190465.5228	65.1738	17
CPQ1-4 人文景观	6608.7956	65.3152	26
CPQ2 城市设计和标志性建筑	930.9003	61.3926	21
CPQ2-1 城市整体规划	688.6985	61.2281	21
CPQ2-2 城市街区规划	242.2018	62.1360	19
CPQ2-3 标志性建筑	0.0000	50.0000	10
CPQ3 社区基础设施	3254.0165	68.8933	17
CPQ3-1 社区医疗卫生机构	21.0424	60.4332	21
CPQ3-2 社区内菜市场	2549.4753	73.8030	13
CPQ3-3 社区内邮政系统	121.1316	60.8440	27
CPQ3-4 社区内购买日常用品	158.0823	68.5048	28
CPQ3-5 社区内小孩入托	404.2850	63.8490	17

城市高质量发展指标	昆明市绩效值	百分制数值	排名
CPQ4 社区管理与服务	430.1746	73.4528	16
CPQ4-1 社区公共活动空间	168.1421	67.6321	19
CPQ4-2 社区车辆管理	0.0000	50.0000	13
CPQ4-3 社区清洁管理	262.0325	72.7226	11
CPQ4-4 社区安全管理	0.0000	50.0000	12
CPQ5 交通系统	29752.9530	64.9374	18
CPQ5-1 城市道路	275.5456	66.1554	18
（1）主干道	271.8971	85.4640	10
CPQ5-2 公共交通线路	16528.8010	63.9435	16
（1）公交车	1518.1085	61.0696	26
（2）地铁	15010.6925	64.3398	16
CPQ5-3 自驾车在城区指定范围的停车管理	12948.6064	64.2362	25
（1）自驾车	63.0815	60.9689	24
（2）停车	11799.1075	65.1803	25
（3）停车场	1086.4174	61.2920	30
CPQ6 休闲和娱乐	176709.9016	70.1756	16
CPQ7 餐饮	19246.2724	61.5873	23
CPQ8 购物	769.3318	80.2450	5
CPQ9 公共事件	2959.3469	63.8080	20
CPQ10 个人职业发展	4612.4466	62.9893	23
CPQ11 市政管理和服务	130190.1333	65.5866	16
CPQ11-1 公共厕所	17030.4980	66.5574	10
CPQ11-2 基础教育	32219.3876	62.3213	20
CPQ11-3 城市绿化	78753.0234	68.6221	16
CPQ11-4 公园分布	847.1296	72.0821	6
CPQ11-5 关怀弱势群体	1340.0948	63.1237	17
CPQ12 空气质量	8382.5348	63.6121	6
CPQ13 政府官员勤政	10614.2385	66.2665	14
CPQ14 社会秩序与安全	1276.7009	62.2116	17
CPQ15 周围居民素养	2.2293	60.0000	30
CPQ15-1 居民热情	0.0000	50.0000	17
CPQ15-2 居民文明	2.2293	60.0000	28

城市高质量发展指标	昆明市绩效值	百分制数值	排名
CPQ15-3 居民友好	0.0000	50.0000	6
CPQ15-4 居民友爱	0.0000	50.0000	1
CPQ15-5 居民礼貌	0.0000	50.0000	1
ES 环境压力	42925.9694	72.2866	6
ES1 噪声	41165.1465	74.1973	4
ES2 空间拥挤	10.1308	60.1924	25
ES3 交通拥堵	1750.6921	63.0676	26
NVCPQ 城市产品质量净值	1242158.0300	63.7578	18
OV1 城市依恋	1211.3883	70.7112	7
OV2 主观幸福感	182.3517	63.4971	23
OV3 居民生活质量	1936.1111	63.5486	18
OV4 主人翁意识	448.8572	62.7241	15

4.32 拉萨市城市高质量发展现状

拉萨市城市高质量发展现状见表 4-32-1。

表 4-32-1 拉萨市城市高质量发展现状

城市高质量发展指标	拉萨市绩效值	百分制数值	排名
MOC1 居民导向	1011.3267	61.1742	31
MOC2 竞争者导向	697.3399	69.8822	13
CPQ1 宏观环境	328562.8880	60.8184	32
CPQ1-1 天然景观	2450.9248	63.0394	26
CPQ1-2 地理位置	241331.7761	60.5946	32
CPQ1-3 城市文化	77216.9969	61.9154	27
CPQ1-4 人文景观	7563.1902	66.8522	13
CPQ2 城市设计和标志性建筑	1037.8109	61.5869	17
CPQ2-1 城市整体规划	1021.4265	61.9775	14
CPQ2-2 城市街区规划	16.3844	60.0055	33
CPQ2-3 标志性建筑	0.0000	50.0000	10
CPQ3 社区基础设施	471.4960	61.1304	35

续表

城市高质量发展指标	拉萨市绩效值	百分制数值	排名
CPQ3-1 社区医疗卫生机构	35.5610	60.7912	19
CPQ3-2 社区内菜市场	123.8716	60.6507	34
CPQ3-3 社区内邮政系统	9.6726	60.0583	34
CPQ3-4 社区内购买日常用品	302.3908	76.5852	17
CPQ3-5 社区内小孩入托	0.0000	50.0000	31
CPQ4 社区管理与服务	241.4628	67.2960	30
CPQ4-1 社区公共活动空间	82.1470	63.2656	29
CPQ4-2 社区车辆管理	0.0000	50.0000	13
CPQ4-3 社区清洁管理	159.3159	67.6741	28
CPQ4-4 社区安全管理	0.0000	50.0000	12
CPQ5 交通系统	10007.0156	61.4293	32
CPQ5-1 城市道路	599.9141	73.4872	4
（1）主干道	249.0960	83.3030	15
CPQ5-2 公共交通线路	1052.3776	60.0936	35
（1）公交车	775.1784	60.3752	34
（2）地铁	277.1992	60.0000	36
CPQ5-3 自驾车在城区指定范围的停车管理	8354.7240	62.5675	30
（1）自驾车	651.3949	70.0791	7
（2）停车	7311.3462	63.0256	30
（3）停车场	391.9828	60.2383	35
CPQ6 休闲和娱乐	75749.5378	64.0945	29
CPQ7 餐饮	6726.1244	60.3181	33
CPQ8 购物	603.5778	73.5889	9
CPQ9 公共事件	129.8967	60.0155	35
CPQ10 个人职业发展	3095.7739	61.9450	28
CPQ11 市政管理和服务	61277.8030	62.3211	29
CPQ11-1 公共厕所	6571.7047	62.4091	31
CPQ11-2 基础教育	6517.8493	60.0670	34
CPQ11-3 城市绿化	47606.8672	64.9314	29
CPQ11-4 公园分布	44.3634	60.5885	25
CPQ11-5 关怀弱势群体	537.0184	61.1728	24
CPQ12 空气质量	3859.3132	61.6211	15

续表

城市高质量发展指标	拉萨市绩效值	百分制数值	排名
CPQ13 政府官员勤政	372.4761	60.1929	33
CPQ14 社会秩序与安全	10.3423	60.0163	35
CPQ15 周围居民素养	0.0000	50.0000	31
CPQ15-1 居民热情	0.0000	50.0000	17
CPQ15-2 居民文明	0.0000	50.0000	29
CPQ15-3 居民友好	0.0000	50.0000	6
CPQ15-4 居民友爱	0.0000	50.0000	1
CPQ15-5 居民礼貌	0.0000	50.0000	1
ES 环境压力	29748.3379	68.4845	16
ES1 噪声	29115.2663	70.0165	11
ES2 空间拥挤	0.0000	50.0000	29
ES3 交通拥堵	633.0716	60.9954	33
NVCPQ 城市产品质量净值	462397.1807	61.0227	32
OV1 城市依恋	1135.2081	70.0099	8
OV2 主观幸福感	49.5984	60.7942	33
OV3 居民生活质量	1028.4328	61.8065	28
OV4 主人翁意识	89.2065	60.2775	33

4.33　广州市城市高质量发展现状

广州市城市高质量发展现状见表4-33-1。

表4-33-1　广州市城市高质量发展现状

城市高质量发展指标	广州市绩效值	百分制数值	排名
MOC1 居民导向	22022.9160	87.1205	2
MOC2 竞争者导向	1909.3455	87.1913	3
CPQ1 宏观环境	7048080.0789	90.1275	2
CPQ1-1 天然景观	27116.8328	97.3496	2
CPQ1-2 地理位置	6199915.3960	91.3607	2
CPQ1-3 城市文化	795740.2441	82.5889	2
CPQ1-4 人文景观	25307.6060	95.4289	2

175

城市高质量发展指标	广州市绩效值	百分制数值	排名
CPQ2 城市设计和标志性建筑	5117.7128	69.0012	4
CPQ2-1 城市整体规划	3613.2702	67.8156	4
CPQ2-2 城市街区规划	1406.1826	73.1175	4
CPQ2-3 标志性建筑	98.2599	100.0000	1
CPQ3 社区基础设施	14403.8871	100.0000	1
CPQ3-1 社区医疗卫生机构	25.6578	60.5470	20
CPQ3-2 社区内菜市场	6903.7276	97.4131	2
CPQ3-3 社区内邮政系统	5675.9010	100.0000	1
CPQ3-4 社区内购买日常用品	505.6166	87.9646	5
CPQ3-5 社区内小孩入托	1292.9841	72.3359	5
CPQ4 社区管理与服务	1243.8692	100.0000	1
CPQ4-1 社区公共活动空间	805.5966	100.0000	1
CPQ4-2 社区车辆管理	0.0000	50.0000	13
CPQ4-3 社区清洁管理	438.2726	81.3847	2
CPQ4-4 社区安全管理	0.0000	81.3847	12
CPQ5 交通系统	206011.2138	96.2519	2
CPQ5-1 城市道路	241.7912	65.3924	22
（1）主干道	11.7716	60.8101	29
CPQ5-2 公共交通线路	161474.3384	100.0000	1
（1）公交车	25399.2795	83.3921	2
（2）地铁	136075.0589	100.0000	1
CPQ5-3 自驾车在城区指定范围的停车管理	44295.0841	75.6222	4
（1）自驾车	1258.8770	79.4862	2
（2）停车	33547.6016	75.6222	5
（3）停车场	9488.6055	74.0409	6
CPQ6 休闲和娱乐	598294.7043	95.5686	2
CPQ7 餐饮	193295.5098	79.2320	4
CPQ8 购物	1249.7909	99.5388	2
CPQ9 公共事件	21673.1870	88.8910	3
CPQ10 个人职业发展	47985.0852	92.8521	2
CPQ11 市政管理和服务	488227.0701	82.5532	4
CPQ11-1 公共厕所	58692.5058	83.0819	4

续表

城市高质量发展指标	广州市绩效值	百分制数值	排名
CPQ11-2 基础教育	166290.0058	74.0811	5
CPQ11-3 城市绿化	244370.1294	88.2475	3
CPQ11-4 公园分布	2354.1793	93.6594	3
CPQ11-5 关怀弱势群体	16520.2497	100.0000	1
CPQ12 空气质量	9545.0458	64.1238	5
CPQ13 政府官员勤政	40488.8835	83.9829	2
CPQ14 社会秩序与安全	13385.4604	83.2024	2
CPQ15 周围居民素养	141.1425	62.6389	13
CPQ15-1 居民热情	15.5963	66.3300	7
CPQ15-2 居民文明	125.5463	62.3914	15
CPQ15-3 居民友好	0.0000	50.0000	6
CPQ15-4 居民友爱	0.0000	50.0000	1
CPQ15-5 居民礼貌	0.0000	50.0000	1
ES 环境压力	100655.8370	88.9434	2
ES1 噪声	86266.1858	89.8457	2
ES2 空间拥挤	291.6129	66.5417	5
ES3 交通拥堵	14098.0383	85.9620	4
NVCPQ 城市产品质量净值	8588486.8042	89.5260	3
OV1 城市依恋	731.0306	66.2892	17
OV2 主观幸福感	1716.9227	94.7416	2
OV3 居民生活质量	10548.1376	80.0780	2
OV4 主人翁意识	1758.3676	71.6323	4

4.34　深圳市城市高质量发展现状

深圳市城市高质量发展现状见表 4-34-1。

表 4-34-1　深圳市城市高质量发展现状

城市高质量发展指标	深圳市绩效值	百分制数值	排名
MOC1 居民导向	11817.5088	74.5183	4
MOC2 竞争者导向	1275.8886	78.1447	5

续表

城市高质量发展指标	深圳市绩效值	百分制数值	排名
CPQ1 宏观环境	5794018.4651	84.6576	4
CPQ1－1 天然景观	29022.2080	100.0000	1
CPQ1－2 地理位置	4971854.8450	85.0198	4
CPQ1－3 城市文化	764995.4394	81.7043	3
CPQ1－4 人文景观	28145.9727	100.0000	1
CPQ2 城市设计和标志性建筑	3935.4611	66.8527	6
CPQ2－1 城市整体规划	2991.2375	66.4145	5
CPQ2－2 城市街区规划	944.2236	68.7592	6
CPQ2－3 标志性建筑	0.0000	50.0000	10
CPQ3 社区基础设施	6530.6673	78.0347	7
CPQ3－1 社区医疗卫生机构	40.1502	60.9043	17
CPQ3－2 社区内菜市场	762.9695	64.1161	25
CPQ3－3 社区内邮政系统	1311.7982	69.2371	7
CPQ3－4 社区内购买日常用品	225.9495	72.3050	22
CPQ3－5 社区内小孩入托	4189.8000	100.0000	1
CPQ4 社区管理与服务	809.2918	85.8217	6
CPQ4－1 社区公共活动空间	438.4604	81.3580	6
CPQ4－2 社区车辆管理	8.3051	62.8283	10
CPQ4－3 社区清洁管理	198.6166	69.6057	27
CPQ4－4 社区安全管理	163.9097	100.0000	1
CPQ5 交通系统	82448.2850	74.2994	10
CPQ5－1 城市道路	173.6141	63.8514	26
（1）主干道	172.3726	76.0314	23
CPQ5－2 公共交通线路	38749.8751	69.4712	11
（1）公交车	8868.8334	67.9406	7
（2）地铁	29881.0417	68.7200	11
CPQ5－3 自驾车在城区指定范围的停车管理	43524.7958	75.3424	5
（1）自驾车	290.6224	64.4925	14
（2）停车	34412.8412	76.0376	4
（3）停车场	8821.3322	73.0284	8
CPQ6 休闲和娱乐	427353.1216	85.2724	5
CPQ7 餐饮	197393.9935	79.6475	3

续表

城市高质量发展指标	深圳市绩效值	百分制数值	排名
CPQ8 购物	967.9169	88.2196	3
CPQ9 公共事件	19610.0729	86.1257	4
CPQ10 个人职业发展	18700.5289	72.6892	5
CPQ11 市政管理和服务	629576.4665	89.2514	3
CPQ11-1 公共厕所	101347.1304	100.0000	1
CPQ11-2 基础教育	383426.8727	93.1269	3
CPQ11-3 城市绿化	133855.5028	75.1517	6
CPQ11-4 公园分布	1433.2307	80.4737	5
CPQ11-5 关怀弱势群体	9513.7299	82.9795	7
CPQ12 空气质量	8000.2770	63.4438	7
CPQ13 政府官员勤政	22949.8454	73.5818	3
CPQ14 社会秩序与安全	6266.1991	70.8610	5
CPQ15 周围居民素养	186.3491	63.4977	12
CPQ15-1 居民热情	58.6234	84.7979	2
CPQ15-2 居民文明	127.7257	62.4336	13
CPQ15-3 居民友好	0.0000	50.0000	6
CPQ15-4 居民友爱	0.0000	50.0000	1
CPQ15-5 居民礼貌	0.0000	50.0000	1
ES 环境压力	39674.0936	71.3483	9
ES1 噪声	33215.4108	71.4391	9
ES2 空间拥挤	271.6012	66.0903	6
ES3 交通拥堵	6150.7719	71.2262	11
NVCPQ 城市产品质量净值	7179109.1573	84.5824	4
OV1 城市依恋	525.2769	64.3951	19
OV2 主观幸福感	681.4462	73.6589	7
OV3 居民生活质量	8043.1059	75.2700	4
OV4 主人翁意识	2749.2315	78.3729	3

4.35　南宁市城市高质量发展现状

南宁市城市高质量发展现状见表 4-35-1。

表 4-35-1　南宁市城市高质量发展现状

城市高质量发展指标	南宁市绩效值	百分制数值	排名
MOC1 居民导向	1434.2238	61.6964	28
MOC2 竞争者导向	524.3072	67.4111	16
CPQ1 宏观环境	679483.5717	62.3491	24
CPQ1-1 天然景观	6529.4765	68.7126	16
CPQ1-2 地理位置	545350.2634	62.1643	24
CPQ1-3 城市文化	117277.1453	63.0680	24
CPQ1-4 人文景观	10326.6866	71.3027	11
CPQ2 城市设计和标志性建筑	796.5561	61.1484	23
CPQ2-1 城市整体规划	780.7558	61.4354	20
CPQ2-2 城市街区规划	15.8003	60.0000	34
CPQ2-3 标志性建筑	0.0000	50.0000	10
CPQ3 社区基础设施	827.0052	62.1222	33
CPQ3-1 社区医疗卫生机构	0.0000	50.0000	28
CPQ3-2 社区内菜市场	647.5119	63.4900	27
CPQ3-3 社区内邮政系统	1.3969	60.0000	36
CPQ3-4 社区内购买日常用品	127.4988	66.7923	31
CPQ3-5 社区内小孩入托	50.5976	60.4714	22
CPQ4 社区管理与服务	331.4986	70.2334	22
CPQ4-1 社区公共活动空间	103.6609	64.3580	23
CPQ4-2 社区车辆管理	0.0000	50.0000	13
CPQ4-3 社区清洁管理	227.8377	71.0419	18
CPQ4-4 社区安全管理	0.0000	50.0000	12
CPQ5 交通系统	34069.8450	65.7044	16
CPQ5-1 城市道路	271.2705	66.0588	19
（1）主干道	267.6419	85.0607	12
CPQ5-2 公共交通线路	4688.4375	60.9982	29
（1）公交车	1307.4173	60.8727	28

城市高质量发展指标	南宁市绩效值	百分制数值	排名
（2）地铁	3381.0202	60.9142	28
CPQ5-3 自驾车在城区指定范围的停车管理	29110.1370	70.1066	13
（1）自驾车	911.1513	74.1015	3
（2）停车	26075.5173	72.0347	12
（3）停车场	2123.4684	62.8656	20
CPQ6 休闲和娱乐	131609.5768	67.4590	20
CPQ7 餐饮	20922.4931	61.7573	21
CPQ8 购物	650.3054	75.4653	7
CPQ9 公共事件	1466.0998	61.8065	23
CPQ10 个人职业发展	4185.1913	62.6951	24
CPQ11 市政管理和服务	84050.5891	63.4002	26
CPQ11-1 公共厕所	9004.4121	63.3740	21
CPQ11-2 基础教育	12411.8959	60.5839	27
CPQ11-3 城市绿化	62166.9101	66.6567	24
CPQ11-4 公园分布	39.3356	60.5165	30
CPQ11-5 关怀弱势群体	428.0355	60.9081	27
CPQ12 空气质量	2362.5093	60.9622	20
CPQ13 政府官员勤政	1745.1137	61.0069	23
CPQ14 社会秩序与安全	979.1511	61.6958	22
CPQ15 周围居民素养	78.1735	61.4427	18
CPQ15-1 居民热情	0.0000	50.0000	17
CPQ15-2 居民文明	78.1735	61.4727	18
CPQ15-3 居民友好	0.0000	50.0000	6
CPQ15-4 居民友爱	0.0000	50.0000	1
CPQ15-5 居民礼貌	0.0000	50.0000	1
ES 环境压力	42112.9000	72.0520	7
ES1 噪声	38723.1558	73.3501	6
ES2 空间拥挤	1.6012	60.0000	28
ES3 交通拥堵	3378.1852	66.0853	13
NVCPQ 城市产品质量净值	921454.7375	62.6329	24
OV1 城市依恋	86.0654	60.3520	31
OV2 主观幸福感	351.8077	66.9473	16

城市高质量发展指标	南宁市绩效值	百分制数值	排名
OV3 居民生活质量	2132.3262	63.9252	16
OV4 主人翁意识	207.9872	61.0855	28

4.36　海口市城市高质量发展现状

海口市城市高质量发展现状见表 4-36-1。

表 4-36-1　海口市城市高质量发展现状

城市高质量发展指标	海口市绩效值	百分制数值	得分
MOC1 居民导向	799.9599	60.9132	33
MOC2 竞争者导向	425.4459	65.9992	20
CPQ1 宏观环境	402887.9459	61.1426	30
CPQ1-1 天然景观	1772.6540	62.0959	31
CPQ1-2 地理位置	310927.5086	60.9539	31
CPQ1-3 城市文化	81625.5960	62.0422	26
CPQ1-4 人文景观	8562.1872	68.4611	13
CPQ2 城市设计和标志性建筑	968.0610	61.4601	20
CPQ2-1 城市整体规划	874.5866	61.6468	18
CPQ2-2 城市街区规划	93.4744	60.7328	26
CPQ2-3 标志性建筑	0.0000	50.0000	10
CPQ3 社区基础设施	1550.8043	64.1415	25
CPQ3-1 社区医疗卫生机构	4.4384	60.0238	26
CPQ3-2 社区内菜市场	1120.2003	66.0531	19
CPQ3-3 社区内邮政系统	79.5331	60.5508	31
CPQ3-4 社区内购买日常用品	343.1662	78.8684	12
CPQ3-5 社区内小孩入托	3.4662	60.0213	28
CPQ4 社区管理与服务	310.2452	69.5400	26
CPQ4-1 社区公共活动空间	93.2688	63.8303	27
CPQ4-2 社区车辆管理	0.0000	50.0000	13
CPQ4-3 社区清洁管理	216.9764	70.5081	22
CPQ4-4 社区安全管理	0.0000	50.0000	12

城市高质量发展指标	海口市绩效值	百分制数值	得分
CPQ5 交通系统	9106.1952	61.2692	33
CPQ5-1 城市道路	262.6521	65.8639	20
（1）主干道	255.3557	83.8963	14
CPQ5-2 公共交通线路	2289.2690	60.4013	32
（1）公交车	1433.4703	60.9905	27
（2）地铁	855.7987	60.1704	34
CPQ5-3 自驾车在城区指定范围的停车管理	6554.2741	61.9135	34
（1）自驾车	0.5119	60.0000	36
（2）停车	6004.1264	62.3980	31
（3）停车场	549.6359	60.4775	33
CPQ6 休闲和娱乐	110390.0294	66.1809	24
CPQ7 餐饮	24297.7207	62.0994	16
CPQ8 购物	628.8902	74.6053	8
CPQ9 公共事件	826.0000	60.9486	28
CPQ10 个人职业发展	2204.7885	61.3316	30
CPQ11 市政管理和服务	86692.2567	63.5254	24
CPQ11-1 公共厕所	8880.2404	63.3248	23
CPQ11-2 基础教育	8606.9605	60.2502	33
CPQ11-3 城市绿化	68884.0851	67.4527	19
CPQ11-4 公园分布	26.6359	60.3347	32
CPQ11-5 关怀弱势群体	294.3350	60.5833	33
CPQ12 空气质量	4193.8553	61.7683	14
CPQ13 政府官员勤政	580.1689	60.3160	28
CPQ14 社会秩序与安全	44.1819	60.0750	34
CPQ15 周围居民素养	0.0000	50.0000	31
CPQ15-1 居民热情	0.0000	50.0000	17
CPQ15-2 居民文明	0.0000	50.0000	29
CPQ15-3 居民友好	0.0000	50.0000	6
CPQ15-4 居民友爱	0.0000	50.0000	1
CPQ15-5 居民礼貌	0.0000	50.0000	1
ES 环境压力	22664.5544	66.4406	24
ES1 噪声	21108.2949	67.2384	20

城市高质量发展指标	海口市绩效值	百分制数值	得分
ES2 空间拥挤	0.0000	50.0000	29
ES3 交通拥堵	1556.2595	62.7071	28
NVCPQ 城市产品质量净值	622016.5889	61.5826	29
OV1 城市依恋	52.4927	60.0429	34
OV2 主观幸福感	61.3228	61.0330	32
OV3 居民生活质量	6324.1851	71.9708	6
OV4 主人翁意识	54.8032	60.0435	35

参考文献

曹先磊，刘高慧，张颖，等，2017. 城市生态系统休闲娱乐服务支付意愿及价值评估——以成都市温江区为例［J］. 生态学报，37（9）：2970－2981.

牛永革，2022. 城市营销研究［M］. 成都：四川大学出版社.

BEAVERSTOCK J V，2002. Transnational elites in global cities：British expatriates in Singapore's financial district［J］. Geoforum，33（4）：525－538.

BIBRI S E，KROGSTIE J，2017. On the social shaping dimensions of smart sustainable cities：a study in science，technology，and society［J］. Sustainable Cities and Society，29：219－246.

BRAUN E，2008. City marketing：towards an integrated approach［M］. Rotterdam：Erasmus Research Institute of Management.

BUSSE M，HEFEKER C，2009. Trade，labour market regulations and growth［J］. Applied Economic Letters，16（8）：809－812.

CALANTONE R J，HARMANCIOGLU N，DROGE C，2010. Inconclusive innovation "returns"：a meta-analysis of research on innovation in new product development ［J］. Journal of Product Innovation Management，27（7）：1065－1081.

CARRILLO F J，PALACIOS T M B，GALVÁN R S，2006. Intellectual capital within Iberian municipalities（network）［J］. Journal of Knowledge Management，10（5）：55－64.

CASTELLS M，1996. The rise of the network society［M］. Malden，MA：Blackwell.

CAUNT B S，FRANKLIN J，BRODATY N E，et al.，2013. Exploring the causes of subjective well-being：a content analysis of people's recipes for long-term happiness ［J］. Journal of Happiness Studies，14（2）：475－499.

DING C，LICHTENBERG E，2011. Land and urban economic growth in China［J］. Journal of Regional Science，51（2）：299－317.

EHRENFELD J R，2005. The roots of sustainability［J］. MIT Sloan Management Review，46（2）：23.

GREGORY D，JOHNSTON R，PRATT G，et al，2009. The dictionary of human geography［M］. 5th ed. Oxford：Wiley-Blackwell.

HALL T，HUBBARD P，1998. The entrepreneurial city：geographies of politics， regime, and representation [M]. Chichester: John Wiley & Sons.

HELLIWELL J F, 1994. Empirical linkages between democracy and economic growth [J]. British Journal of Political Science, 24: 225—248.

HOPWOOD B, MELLOR M, O'BRIEN G, 2005. Sustainable development: mapping different approaches [J]. Sustainable Development, 13 (1): 38—52.

JORDAN K, KRISTJÁNSSON K, 2017. Sustainability, virtue ethics, and the virtue of harmony with nature [J]. Environmental Education Research, 23 (9): 1205—1229.

KAPLAN S, 1995. The restorative benefits of nature: toward an integrative framework [J]. Journal of Environmental Psychology, 15 (3): 169—182.

KOHLI A K, JAWORSKI B J, 1990. Market orientation: the construct, research propositions, and managerial implications [J]. Journal of Marketing, 54 (2): 1—18.

Korpela K, Borodulin K, Neuvonen M, et al. , 2014. Analyzing the mediators between nature-based outdoor recreation and emotional well-being [J]. Journal of Environmental Psychology, 37 (1): 1—7.

KRUGMAN P R, 1997. Development, geography, and economic theory [M]. Cambridge: MIT Press.

LEIPER N, 1979. The framework of tourism: towards a definition of tourism, tourist, and the tourist industry [J]. Annals of Tourism Research, 6 (4): 390—407.

MURPHY P, PRITCHARD M P, SMITH B, 2000. The destination product and its impact on traveller perceptions [J]. Tourism Management, 21 (1): 43—52.

NARVER J C, SLATER S F, 1990. The effect of a market orientation on business profitability [J]. Journal of Marketing, 54 (4): 20—35.

NIU Y, DONG L, DENG F, 2017. Resident-defined measurement scale for a city's products [J]. Landscape and Urban Planning, 167: 177—188.

SEN K, 2013. The political dynamics of economic growth [J]. World Development, 47: 71—86.

SLATER S F, NARVER J C, 1998. Customer-led and market-oriented: let's not confuse the two [J]. Strategic Management Journal, 19 (10): 1001—1006.

STRAUB S, HAGIWARA A T, 2011. Infrastructure and growth in developing Asia [J]. Asian Development Review, 28 (1): 119—156.

TAYLOR P J, HOYLER M, PAIN K, et al, 2014. Extensive and intensive globalizations: explicating the low connectivity puzzle of US cities using a city-dyad analysis [J]. Journal of Urban Affairs, 36 (5): 876—890.

TROILO G, LUCA L M D, GUENZI P, 2009. Dispersion of influence between marketing and sales: its effects on superior customer value and market performance [J]. Industrial Marketing Management, 38 (8): 872—882.

World Commission on Environment and Development，1987. Our common future [M]. New York：Oxford University Press.

WU B，CAI L A，2006. Spatial modeling：suburban leisure in Shanghai [J]. Annals of Tourism Research，33（1）：179－198.

Zhang X，Li H，2018. Urban resilience and urban sustainability：what we know and what do not know [J]. Cities，72：141－148.